会计零基础快速入门

税务会计从“小白”到精通

白羽 编著

化学工业出版社
·北京·

内容简介

本书围绕涉税的相关业务展开，讲解内容包括企业所得税、增值税、消费税、个人所得税等。在税法框架的要求下，立足于实务操作，通过举例和问答的方式将平时涉税工作中遇到的疑难杂症进行场景式展现，让读者身临其境，更贴近现实。在注重基础实务操作的同时，书中囊括近几年来我国税收优惠政策，在帮助企业规范纳税的前提下，最大程度地享受国家税收福利。

图书在版编目（CIP）数据

税务会计从“小白”到精通 / 白羽编著. -- 北京：化学工业出版社，2025. 10. -- (会计零基础快速入门).
ISBN 978-7-122-48743-8

Ⅰ. F810.62

中国国家版本馆 CIP 数据核字第 2025CD3875 号

责任编辑：张林爽　　文字编辑：徐　秀　师明远
责任校对：杜杏然　　装帧设计：孙　沁

出版发行：化学工业出版社
（北京市东城区青年湖南街 13 号　邮政编码 100011）
印　　装：大厂回族自治县聚鑫印刷有限责任公司
710mm×1000mm　1/16　印张 12½　字数 206 千字
2026 年 1 月北京第 1 版第 1 次印刷

购书咨询：010-64518888　　售后服务：010-64518899
网　　址：http：//www.cip.com.cn
凡购买本书，如有缺损质量问题，本社销售中心负责调换。

定　　价：68.00 元

前言

纳税是单位和个人日常生产生活中不可避免的。公司财务部的岗位可以设置税务会计岗、税务筹划岗，小公司可能不会设置这么细，但税务会计或者兼职做税务的财务岗位是必需的。纳税申报就是会计除了审核、做账、报表之外的另一个重要工作，如何计算、申报和办理涉税业务就是税务会计的主要功课。

本书共 6 章：第 1 章介绍涉税的相关业务；第 2 章至第 6 章分别围绕增值税及附加税（费）、企业所得税、个人所得税、印花税、房产税等税种的会计核算和纳税申报两大内容进行讲解。本书理论知识讲解与实际工作相结合，通过举例和问答的方式将平时涉税工作中遇到的疑难杂症进行分析，在每章的最后，通过“会计现场”模块模拟鱼姐在微信群解答讨论网友涉税业务的场景，让读者身临其境，更为深刻记忆。

由于编著者水平有限和时间紧迫，书中难免有疏漏和不妥之处，请广大读者批评指正。

编著者

目录

第 5 章 与收入息息相关的“个人所得税” //113

第 6 章 其他应重视的税种 //135

第 1 章
税务会计应该知道的事

一个原来从事涉税会计的网友，结婚生子，然后在家带娃，四年后重返职场，面试连连碰壁，因为她原来是从事房地产行业的，涉及最多的是营业税，渐渐地把增值税给忘了，四年后，全面营改增，营业税退出了历史舞台。

税务政策会随着国家经济形式和总体政策方针进行调整，税务会计需要经常更新知识储备，完善自身知识结构。

那么作为税务会计应该知道哪些事呢？我们先从税务会计的工作内容开始了解。

1.1 税务会计的工作围绕“八个字”展开

会计的工作可以总结为八个字——审核、记账、报表、报税。税务会计的工作就是涉及税务相关业务的会计工作，即审核与税务相关的凭证、登记与税务相关的账、编制与税务相关的表（内部需求）、纳税申报。

1.1.1 税务会计的主要工作有哪些

税务会计的工作就是一个轮回，每月都是围绕着“审核、记账、报表、报税”这八个字来重复着同样的工作，主要工作包括：

（1）审核

① 审核开具的发票：根据业务需要审核单据给客户开具发票，即涉及购买、保管发票。

② 审核收到的发票：收到的发票就要审核清楚，如果是专用发票，则根据实际需求进行勾选（认证）抵扣。

（2）记账

与“税”相关的凭证及账簿的登记要及时处理。会计岗位都是相互配合的，税务会计不要因为自己的拖延而影响了其他会计岗位的工作进度。

（3）报表

编制内部与“税”相关的报表，如应上交、应弥补款项表等。

（4）报税

每月初要记得按期进行纳税申报（月报、季报、年报），若错过申报期，会给企业带来损失（如滞纳金、纳税信用降级等）。

除此，还有税务筹划等工作。

1.1.2 税务会计岗位说明书

某企业的税务会计岗位说明书如表 1-1 所示。

表 1-1 某企业财务部税务会计岗位说明书

<table>
<tr><td>岗位名称</td><td>税务会计</td><td>所在部门</td><td>财务部</td></tr>
<tr><td>直接上级</td><td>会计主管</td><td>直接下级</td><td>无</td></tr>
<tr><td colspan="4">职责概述：负责公司涉税业务的核算和管理</td></tr>
<tr><td colspan="4">职责与工作任务：负责公司税金计算与申报，负责各项涉税统计报表的填报；负责公司各种发票的领取、使用和保管工作；负责税务资料的装订保管工作；涉税问题对内对外沟通；涉税业务内部控制与培训；协助领导完成其他涉税业务</td></tr>
<tr><td rowspan="5">职责 1</td><td colspan="3">职责表述：负责税金计算与申报，各项涉税统计报表的填报</td></tr>
<tr><td rowspan="4">工作任务</td><td colspan="2">严格对各种发票特别是增值税专用发票进行审核，及时进行发票勾选</td></tr>
<tr><td colspan="2">负责涉税凭证（采购、销售、计提税费、缴纳税费凭证）的填制及涉税科目（税金及附加、应交税费、所得税科目）明细账的登记、核对</td></tr>
<tr><td colspan="2">按时完成纳税申报表的填写及申报、缴款工作</td></tr>
<tr><td colspan="2">填报应上交、应弥补款项表报表（内部报表）</td></tr>
<tr><td rowspan="4">职责 2</td><td colspan="3">职责表述：负责公司各种发票的领取、使用和保管工作</td></tr>
<tr><td rowspan="3">工作任务</td><td colspan="2">负责各种发票领购、保管，并按规定及时登记发票领购表</td></tr>
<tr><td colspan="2">审核并根据与客户核对完毕的销售单，正确及时开具发票</td></tr>
<tr><td colspan="2">负责开具的发票的核销（验旧）工作</td></tr>
<tr><td rowspan="3">职责 3</td><td colspan="3">职责表述：负责税务资料的装订存档工作</td></tr>
<tr><td rowspan="2">工作任务</td><td colspan="2">负责纳税申报表、审批表的及时装订存档</td></tr>
<tr><td colspan="2">负责收到的发票抵扣联的整理、税务相关资料的装订存档</td></tr>
<tr><td rowspan="4">职责 4</td><td colspan="3">职责表述：负责涉税问题对内对外沟通，建立良好的业务关系</td></tr>
<tr><td rowspan="3">工作任务</td><td colspan="2">接受各部门涉税业务咨询，合理协助解决业务困难</td></tr>
<tr><td colspan="2">及时与税务机关就新业务进行涉税沟通</td></tr>
<tr><td colspan="2">负责接待税务质询和检查工作</td></tr>
<tr><td rowspan="4">职责 5</td><td colspan="3">职责表述：负责涉税业务的内部控制工作</td></tr>
<tr><td rowspan="3">工作任务</td><td colspan="2">把握税法原则，保证业务在符合税法要求下开展</td></tr>
<tr><td colspan="2">规范各项涉税事项的核算、管理流程，对发现的问题及时反映，并提出整改方案</td></tr>
<tr><td colspan="2">每月对纳税申报、税负情况进行综合分析，提出合理化建议</td></tr>
<tr><td>职责 6</td><td colspan="3">职责表述：完成部门领导交办的其他临时工作</td></tr>
<tr><td colspan="4">权力：</td></tr>
<tr><td>业务权</td><td colspan="3">对所在部门重大经营管理活动的知情权
对所在部门管理制度、工作流程的建议权
对涉税业务执行中的检查权、监督权
对所在部门相关信息、资料、数据的搜集权、索取权
对主要合作单位的涉税条款选择建议权</td></tr>
<tr><td>人事权</td><td colspan="3">无</td></tr>
<tr><td>财务权</td><td colspan="3">部门预算内费用的使用权</td></tr>
<tr><td colspan="4">工作协作关系：</td></tr>
<tr><td>内部协调关系</td><td colspan="3">本公司各部门</td></tr>
<tr><td>外部协调关系</td><td colspan="3">税务局、往来单位</td></tr>
<tr><td colspan="4">任职资格：</td></tr>
<tr><td>教育水平</td><td colspan="3">大学专科及以上</td></tr>
<tr><td>专业及职称</td><td colspan="3">会计相关专业，助理会计师以上</td></tr>
<tr><td>培训经历</td><td colspan="3">公司内部规章制度培训；税法、会计准则、内控制度等财务知识培训</td></tr>
<tr><td>工作经验</td><td colspan="3">3 年以上本岗位或相关岗位工作经验</td></tr>
<tr><td>知识技能</td><td colspan="3">通晓税务管理知识，具备会计、税法等方面的知识，熟练使用财务软件</td></tr>
<tr><td>能力与素质</td><td colspan="3">较强的财务分析能力、文字表达能力、沟通能力、执行能力</td></tr>
</table>

1.2 税务的登记、变更及注销

一些小的企业，工商登记的事也需要会计经手，不过职责分明的企业，会计只需要经手税务上的事，例如工商方面的注册或变更，税务会计只需要到税务局去办理相关的业务即可。

1.2.1 如何进行税务登记

自 2016 年 10 月 1 日起，国家全面实施工商营业执照、组织机构代码证、税务登记证、社会保险登记证和统计登记证“五证合一、一照一码”的制度，虽然不用再到税务部门进行税务登记，但也要到税务局进行补充信息的采集，财务人员管这个叫“税务报到”。

（1）什么是税务登记

税务登记是税务机关对纳税人基本情况及生产经营项目进行登记，是税务机关对该纳税人实施税收征收管理的起点。

（2）谁需要办理税务登记

① 从事生产经营的纳税人。企业及其在外地设立的分支机构和从事生产、经营的场所，个体工商户和从事生产、经营的事业单位，都应当办理税务登记。

② 非从事生产经营但依法负有纳税义务的单位和个人。

a. 国家机关、个人和无固定生产经营场所的流动性农村小商贩，不办理税务登记。

b. 其他非从事生产经营但依法负有纳税义务的单位和个人，应当办理税务登记。

③ 扣缴义务人。依法负有扣缴税款义务的扣缴义务人（国家机关除外），应当办理扣缴税款登记。

（3）税务登记主管机关

县以上税务局（分局）是税务登记的主管机关。

（4）向谁申请

① 从事生产、经营的纳税人，向生产、经营所在地的税务机关办理税务登记。

② 非从事生产经营但依照规定负有纳税义务的其他纳税人，向纳税义务发生地的税务机关办理税务登记。

（5）申请时限

① 从事生产、经营的纳税人领取工商营业执照的，应当自领取工商营业执照之日起30日内申报办理税务登记。

② 从事生产、经营的纳税人未办理工商营业执照但经有关部门批准设立的，应当自有关部门批准设立之日起30日内申报办理税务登记。

③ 从事生产、经营的纳税人未办理工商营业执照也未经有关部门批准设立的，应当自纳税义务发生之日起30日内申报办理税务登记。

④ 非从事生产经营但依照规定负有纳税义务的其他纳税人，除国家机关、个人和无固定生产、经营场所的流动性农村小商贩外，均应当自纳税义务发生之日起30日内，向纳税义务发生地的税务机关申报办理税务登记。

⑤ 境外企业在中国境内承包建筑、安装、装配、勘探工程和提供劳务的，应当自项目合同或协议签订之日起30日内，向项目所在地的税务机关申报办理税务登记。

（6）申请程序

① 纳税人应当在规定的时限内，向主管税务机关申报办理税务登记、提供相关证件和资料、如实填写税务登记表。

② 多证合一、一照一码。将工商营业执照、组织机构代码证、税务登记证、社会保险登记证、统计登记证等整合到营业执照上，实现“多证合一、一照一码”。使“一照一码”营业执照成为企业唯一的“身份证”，使统一社会信用代码成为企业唯一的身份代码，实现企业“一照一码”走天下。由此，纳税人以18位统一社会信用代码为其纳税人识别号，按照现行规定办理税务登记。

目前，税务局推行了税收实名制管理，即实名办税。它是对纳税人的办税人员身份确认的制度。办税人员，包括办理涉税事项的法定代表人（包括负责人、经营者，以下简称法定代表人）、财务负责人、办税员、税务代理人和经法定代表人授权的其他人员在办理涉税事项时提供有效个人身份证明，税务机关采集、验证、确认其身份信息后，办理相关涉税事项。

1.2.2 如何进行税务变更

实行“多证合一、一照一码”登记的纳税人发生涉税信息事项变更的，应在工商部门办理变更后，向主管税务机关申报变更。

（1）原因

纳税人办理设立税务登记后，因登记内容发生变化，需要对原有登记内容进行更改的，应向主管税务机关申报办理变更税务登记。

（2）时限

① 纳税人已在市场监管部门办理变更登记的，应当自变更登记之日起30日内，向原税务登记机关申报办理变更税务登记。

② 纳税人按照规定不需要在市场监管部门办理变更登记，或者其变更登记的内容与工商登记内容无关的，应当自税务登记内容实际发生变化之日起30日内，或者自有关机关批准或者宣布变更之日起30日内，到原税务登记机关申报办理变更税务登记。

1.2.3 如何进行税务注销

（1）原因

纳税人发生以下情形的，向主管税务机关申报办理注销税务登记：

① 纳税人发生解散、破产、撤销以及其他情形，依法终止纳税义务的。

② 纳税人被市场监管部门吊销营业执照或者被其他机关予以撤销登记的。

③ 纳税人因住所、经营地点变动，涉及变更税务登记机关的。

④ 境外企业在中国境内承包建筑、安装、装配、勘探工程和提供劳务的，项目完工、离开中国的。

（2）时限

① 纳税人发生解散、破产、撤销以及其他情形，依法终止纳税义务的，应当在向市场监管部门或者其他机关办理注销登记前，持有关证件和资料向原税务登记机关申报办理注销税务登记；按规定不需要在市场监管部门或者其他机关办理注册登记的，应当自有关机关批准或者宣告终止之日起15日内，持有关证件和资料向原税务登记机关申报办理注销税务登记。

② 纳税人被市场监管部门吊销营业执照或者被其他机关予以撤销登记的，应当自营业执照被吊销或者被撤销登记之日起15日内，向原税务登记机关申报办理注销税务登记。

③ 纳税人因住所、经营地点变动，涉及改变税务登记机关的，应当在向市

场监管部门或者其他机关申请办理变更、注销登记前，或者住所、经营地点变动前，持有关证件和资料，向原税务登记机关申报办理注销税务登记，并自注销税务登记之日起30日内向迁达地税务机关申报办理税务登记。

④ 境外企业在中国境内承包建筑、安装、装配、勘探工程和提供劳务的，应当在项目完工、离开中国前15日内，持有关证件和资料，向原税务登记机关申报办理注销税务登记。

（3）清税证明

① 先清税后注销企业登记。已实行“多证合一、一照一码”登记模式的企业办理注销登记，须先向主管税务机关申报清税，填写清税申报表。清税完毕后，受理税务机关根据清税结果向纳税人统一出具清税证明。

② 免办清税。对向市场监管部门申请简易注销的纳税人，符合下列情形之一的，可免予到税务机关办理清税证明，直接向市场监管部门申请办理注销登记。

a. 未办理过涉税事宜的。

b. 办理过涉税事宜但未领用发票、无欠税（滞纳金）及罚款的。

③ 即办清税。

a. 未办理过涉税事宜的纳税人，主动到税务机关办理清税的，税务机关可根据纳税人提供的营业执照即时出具清税文书。

b. 办理过涉税事宜但未领用发票、无欠税（滞纳金）及罚款的纳税人，主动到税务机关办理清税，资料齐全的，税务机关即时出具清税文书；资料不齐的，可采取“承诺制”容缺办理，在其作出承诺后，即时出具清税文书。

（4）注销条件

纳税人办理注销税务登记前，应当向税务机关提交相关证明文件和资料，结清应纳税款、多退（免）税款、滞纳金和罚款，缴销发票、税务登记证件和其他税务证件，经税务机关核准后，办理注销税务登记手续。

1.3 发票那些事

1.3.1 发票的种类有哪些

对于税务会计来说，审核发票是工作常态。

（1）发票的种类

发票的种类很多，包括：

① 增值税专用发票：包括增值税专用发票（纸质票如图 1.1 所示、电子票如图 1.2 所示）和机动车销售统一发票。

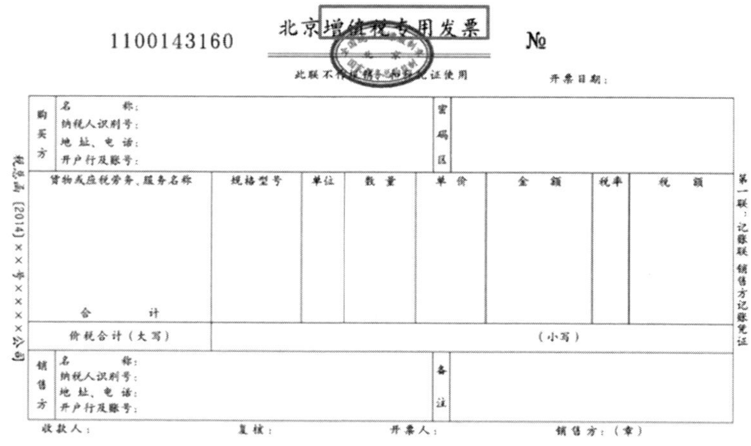

1100143160 北京增值税专用发票 №

此联不作报销、扣税凭证使用 开票日期：

购买方：名称：纳税人识别号：地址、电话：开户行及账号： 密码区

货物或应税劳务、服务名称 | 规格型号 | 单位 | 数量 | 单价 | 金额 | 税率 | 税额

合计

价税合计（大写） （小写）

销售方：名称：纳税人识别号：地址、电话：开户行及账号： 备注

收款人： 复核： 开票人： 销售方：（章）

税总函〔2014〕××号××××公司

第一联：记账联 销售方记账凭证

图 1.1　增值税专用发票（纸质）

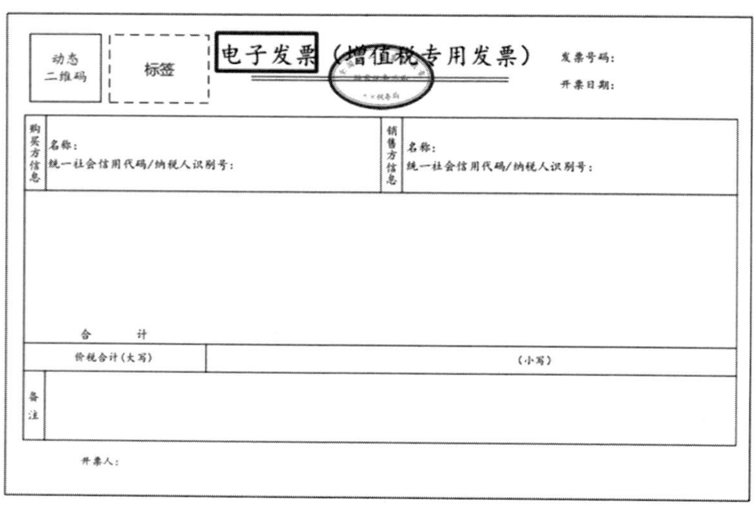

动态二维码 标签 电子发票（增值税专用发票） 发票号码： 开票日期：

购买方信息：名称：统一社会信用代码/纳税人识别号：

销售方信息：名称：统一社会信用代码/纳税人识别号：

合计

价税合计（大写） （小写）

备注

开票人：

图 1.2　增值税专用发票（电子）

② 增值税普通发票：包括增值税普通发票（折叠票，纸质票如图 1.3 所示、电子票如图 1.4 所示）和增值税普通发票（卷票）。

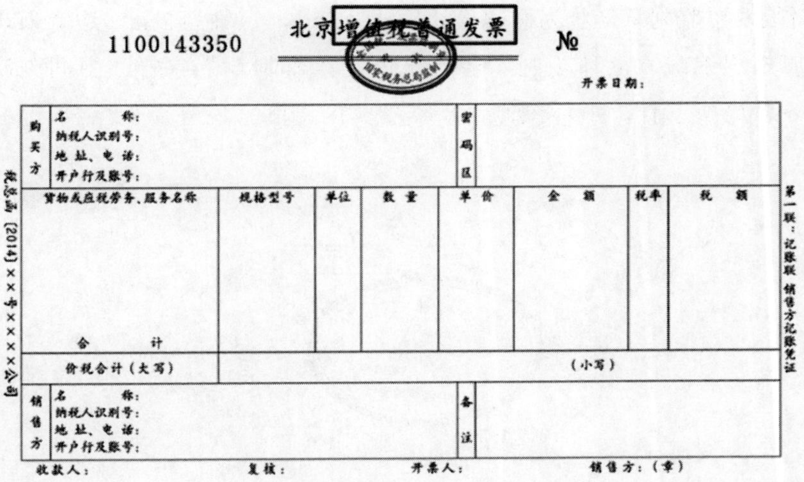
1100143350　北京增值税普通发票　№

开票日期：

购买方　名称：　纳税人识别号：　地址、电话：　开户行及账号：　密码区

货物或应税劳务、服务名称　规格型号　单位　数量　单价　金额　税率　税额

合计

价税合计（大写）　（小写）

销售方　名称：　纳税人识别号：　地址、电话：　开户行及账号：　备注

收款人：　复核：　开票人：　销售方：（章）

税总函〔2014〕××号××××公司

第一联：记账联　销售方记账凭证

图 1.3　增值税普通发票（纸质）

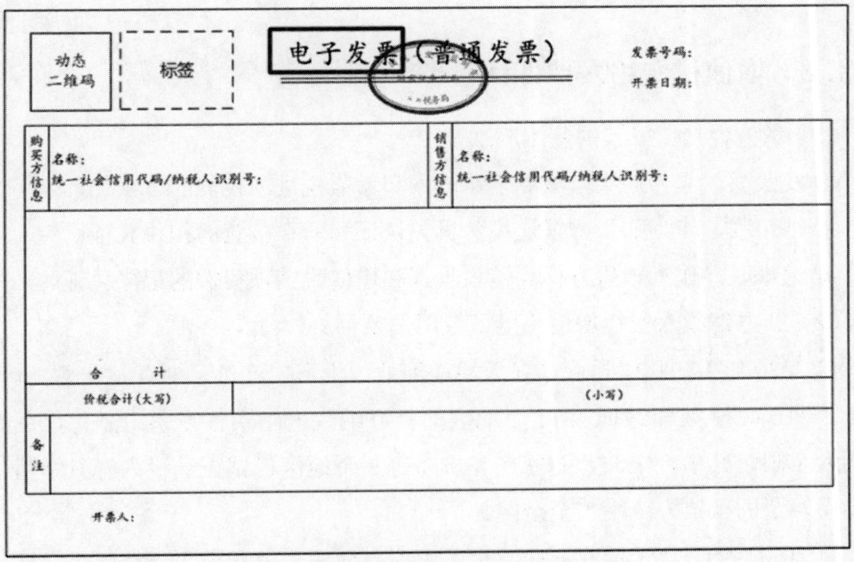
动态二维码　标签　电子发票（普通发票）　发票号码：　开票日期：

购买方信息　名称：　统一社会信用代码/纳税人识别号：

销售方信息　名称：　统一社会信用代码/纳税人识别号：

合计

价税合计（大写）　（小写）

备注

开票人：

图 1.4　增值税普通发票（电子）

③ 其他发票：包括通用机打发票、农产品收购发票、农产品销售发票、门票、过路（过桥）费发票、定额发票、客运发票和二手车销售统一发票等。

（2）发票监制章

监制章是税务会计审核发票时要特别注意的地方。

新版发票监制章形状为椭圆形，长轴为3cm，短轴为2cm，边宽为0.1cm，内环加刻一细线，上环刻制“全国统一发票监制章”字样，中间刻制“国家税务总局”字样，下环刻制“××省（区、市）税务局”字样。如图1.5所示。

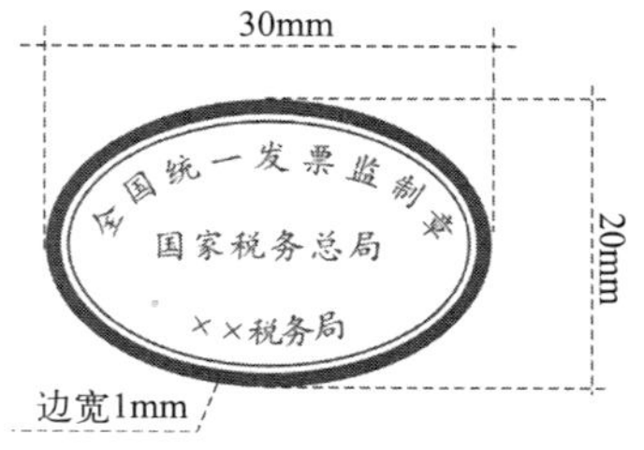

监制章全部字体为正楷7磅，印色为大红

图1.5　发票监制章样式

1.3.2　增值税专用发票如何管理

（1）增值税专用发票的基本联次及用途

① 发票联，作为购买方核算采购成本和增值税进项税额的记账凭证。

② 抵扣联，作为购买方报送税务机关认证和留存备查的扣税凭证。

③ 记账联，作为销售方核算销售收入和增值税销项税额的记账凭证。

（2）新办纳税人实行增值税电子专用发票

自2020年12月21日起，在天津、河北、上海、江苏、浙江、安徽、广东、重庆、四川、宁波和深圳等11个地区的新办纳税人中实行专票电子化，受票方范围为全国。其中，宁波、石家庄和杭州等3个地区已试点纳税人开具增值税电子专用发票的受票方范围扩至全国。

自2021年1月21日起，在北京、山西、内蒙古、辽宁、吉林、黑龙江、福建、江西、山东、河南、湖北、湖南、广西、海南、贵州、云南、西藏、陕西、甘肃、青海、宁夏、新疆、大连、厦门和青岛等25个地区的新办纳税人中实行专票电子化，受票方范围为全国。自2024年12月起，在全国正式推广应用数电发票。

（3）不得开具增值税专用发票的情形

① 商业企业一般纳税人零售的烟、酒、食品、服装、鞋帽（不含劳保专用部分）、化妆品等消费品。

② 应税销售行为的购买方为消费者个人的。

③ 发生应税销售行为适用免税规定的。

④ 金融商品转让，不得开具增值税专用发票。

⑤ 从事经纪代理服务，向委托方收取的政府性基金或者行政事业性收费，不得开具增值税专用发票。

⑥ 选择差额计税方法计算销售额的纳税人，提供旅游服务向旅游服务购买方收取并支付给其他单位或个人的可以从全部价款和价外费用中扣除的费用，不得开具增值税专用发票。

1.3.3 增值税发票如何开具和勾选

1.3.3.1 增值税发票的开具

增值税发票都要通过增值税发票管理系统开具，发票开具时需注意以下细节：

（1）购买方的填写

① 增值税专用发票：

a. 名称。

b. 纳税人识别号 / 统一社会信用代码。

c. 地址、电话。

d. 开户行及账号。

② 增值税普通发票：

a. 名称。

b. 纳税人识别号 / 统一社会信用代码（行政机关、事业单位、社会团体等非企业性单位，个人消费者等可以不用填写）。

（2）发票内容的填写

按照实际销售情况如实填写。

（3）税收分类编码

纳税人通过增值税发票管理系统开具增值税发票，商品和服务税收分类编码对应的简称会自动显示并打印在发票票面“货物或应税劳务、服务名称”或“项目”栏次中。

（4）备注栏

① 单用途卡和多用途卡。单用途卡和多用途卡销售、充值与使用等环节发票开具时，在备注栏注明“收到预付卡结算款”（不得开具增值税专用发票）。

② 差额开票。备注栏自动打印“差额征税”字样（通过系统中差额征税开票功能）。

③ 保险机构代收车船税业务。备注栏中注明代收车船税税款信息。

④ 土地增值税发票扣除业务。备注栏注明建筑服务发生地县（市、区）名称及项目名称。

⑤ 货物运输业务。备注栏填写起运地、到达地、车种车号以及运输货物信息等。

⑥ 建筑服务业务。备注栏注明建筑服务发生地县（市、区）名称及项目名称。

⑦ 出租不动产。备注栏注明不动产的详细地址。

⑧ 销售不动产。备注栏注明不动产的详细地址。

⑨ 外贸综合服务企业将代办退税专用发票。备注栏内注明“代办退税专用”。

（5）发票盖章

① 增值税专用发票。应在开具的发票联和抵扣联加盖本单位的发票专用章。

② 增值税普通发票。

a. 自行开具。应在开具的发票联加盖本单位的发票专用章。

b. 申请代开。由税务机关在发票上加盖税务机关代开发票专用章。

③ 增值税电子发票。不需要另外加盖发票专用章。

④ 机动车销售统一发票盖章要求。应在发票联加盖发票专用章，抵扣联和报税联不得加盖印章。

1.3.3.2 增值税发票的勾选

增值税专用发票的勾选应通过“增值税发票综合服务平台”进行操作。平台除了正常勾选功能，还有不抵扣勾选和延期勾选功能。

（1）不抵扣勾选

一般纳税人可以抵扣增值税进项税额，但并不意味着取得的所有进项都能抵扣。比如简易计税项目、免税项目等是不能扣除的。

当我们处理不能抵扣的专票时，通常有两种方法：一种方法是先认证（勾选）抵扣，同期做进项税转出；另一种是使用“不抵扣勾选”功能。

其实，对于事先能判定取得的专票属于不抵扣的范围，可以通过“不抵扣勾选”来减轻自己的工作量。与此同时，滞留票的问题也不复存在了。

（2）延期勾选

增值税一般纳税人如果在某所属期以及之后月份均未进行过进项发票勾选确认，也未进行过申报，则可在后续月份对该属期的扣税凭证分属期进行选择确认用于抵扣，并将延期抵扣勾选的进项税额计入相应属期进行申报。

接下来以申报所属期为3月的增值税为例，给大家讲讲以下三种情况应分别如何处理：

① 已申报未勾选，无须延期勾选。如果纳税人已完成所属期3月的增值税申报，但仍有部分抵扣凭证未选择确认用于抵扣，可以在以后属期继续勾选确认，不需要使用延期抵扣勾选功能。

② 未申报已勾选，无法延期勾选。如果纳税人未完成所属期3月的增值税申报，但是已对3月属期取得的扣税凭证进行勾选确认，则不能使用延期抵扣勾选功能，已选择确认的进项税额将计入3月属期的进项税额。

提示：这种情况下，若纳税人发现3月进项数据少勾选或者错勾选了，可以通过“回退税款所属期”功能回退到3月所属期重新进行勾选认证。

回退税款所属期所需满足的具体条件如下：

a. 上一属期撤销申报或征期截止日第二天平台未接收到已申报结果切换税款所属期到下期的。

b. 平台从税务局征管系统内获取到的需要回退的税款所属期申报结果为“未申报”。

c. 回退税款所属期功能只在申报期内有效。

回退成功后，纳税人可以再次就3月所属期的进项数据进行勾选调整，勾选完成后再重新统计确认，之后继续纳税申报即可。

③ 未申报未勾选，可延期勾选。如果纳税人未完成所属期3、4月的增值税申报，且未对3、4月属期取得的扣税凭证进行勾选确认，则可在5月份使用延期抵扣勾选功能，对3月属期取得的扣税凭证进行勾选确认，延期抵扣勾选的进项税额可以计入3月属期的进项税额。

1.4 考个税务师

走上了会计这条路避免不了“考考考”“证证证”，在大家都在挤 CPA（注册会计师）这条独木桥的时候，如果已经从事税务会计岗位，或者致力于在涉税这项专业上有所突破，比如跳槽到税务师事务所做税审，或者做税务咨询师，那么考个税务师证书十分有必要。

税务师的英文译为：Tax Advisor（简称：TA），是指经全国统一考试合格，取得《税务师职业资格证书》并经注册登记的、从事税务代理活动的专业技术人员。

税务师职业资格考试实行全国统一大纲、统一命题、统一组织的考试制度。原则上每年举行 1 次考试。

税务师考试一般是在每年的 11 月份举行。考试设 5 个科目，具体是：《税法（一）》《税法（二）》《涉税服务实务》《涉税服务相关法律》和《财务与会计》。

1.4.1 税务师考试报名条件

（1）税务师考试报名的基本条件

为中华人民共和国公民，遵守国家法律、法规，恪守职业道德，具有完全民事行为能力。

（2）税务师考试报名的必要条件

符合下列条件之一即可参加税务师报名考试：

① 取得经济学、法学、管理学学科门类大学本科及以上学历（学位）（含在校应届毕业生）；或者取得其他学科门类大学本科学历，从事经济、法律相关工作满 1 年。

② 取得经济学、法学、管理学学科门类大学专科学历，从事经济、法律相关工作满 2 年；或者取得其他学科门类大学专科学历，从事经济、法律相关工作满 3 年。

（3）不符合税务师考试报名条件的情形

有下列情形之一的人员，不得报名参加税务师职业资格考试：

① 税务师职业资格证书被取消登记，自取消登记之日起至报名之日止不满 5 年者。

② 以前年度税务师职业资格考试中因违纪违规受到禁考处理期限未满者。

1.4.2 税务师考试报名时间和流程

税务师考试的报名时间一般在每年的 5 月至 7 月，随后有一次短暂的补报名时间，一般在 8 月上旬，一旦错过便没有机会参加当年考试了。

关于税务师考试补报名期间调整报考科目问题，根据报名简章中的相关规定，在税务师考试补报名时间内，报名人员可增加或调整报考科目，不可调减报名科目。

（1）首次报名人员报名

首次报名人员登录“网报系统”后，应首先完成实名注册，然后按报名指引如实填写报名信息，上传最近一年 1 寸免冠白底证件照，选定报考科目并完成交费。有工作年限要求的考生应填写工作履历。

报名前应准备好符合要求的最近一年 1 寸免冠白底证件照片（照片文件格式为 JPG 或 JPEG 格式，白色背景，宽 295 像素，高 413 像素，此照片将被用于准考证和税务师职业资格证书）。报名期结束后不得更换照片。

（2）非首次报名人员报名

非首次报名人员，登录“网报系统”，核对个人信息。进入“考生信息采集”页面，逐项按要求核对、填写，如信息有变动的，应更正更新。选定报考科目并完成交费。

（3）交费

① 考试费标准：每科人民币 93 元。

② 支付方式：提供支付宝、微信两种支付方式。

③ 支付时间：和报名时间对应，即每年的5月至7月，以及补报名时间8月。报名人员应于截止时间前完成交费。

报名期内（每年的 5 月至 7 月）已交费报名人员可申请退费，报名期结束后报名费原路退回，逾期不再受理退费申请。报名期结束后，因个人原因不能参加考试，考试费不予退还。（注：8 月不受理退费申请）

具体报考时间以中国注册税务师协会官网（https : //www.cctaa.cn/）发布的消息为准。

（4）报名完成

① 报名完成后，报名人员可在“报名系统”查询个人报名状态及报名信息表。

② 报名完成后，在补报名期间报名人员可增加或调整报考科目，不可调减报名科目，不受理退费申请。

（5）特殊情况的处理方法

① 暂未取得经济学、法学、管理学学科门类学历（学位）的本科应届生，应在“是否在校生”处选择“是”，并填写相关信息。

② 持国外学历证书的报名人员，学历证书编号栏应填写教育部留学服务中心学历认证书编号。

③ 学历证书遗失、损毁的报名人员，报名前可登录中国高等教育学生信息网（学信网）进入学信档案查询本人学历信息；查询不到的，应向学信网或相关受理机构申请学历认证报告。

④ 先工作后入学的成人、自考等相关专业大专应届毕业生，应填写工作履历。

1.5 会计现场

实际工作中我们应该如何操作呢？一起走进“会计现场”来巩固一下以上所学的知识吧。

注：下例公司信息纯属虚构，请勿对号入座，相关操作请按当地税务部门要求填写。

1.5.1 办理税务登记业务

情景：行政伊一把刚办好的新公司的营业执照拿到了财务部，交由会计方圆办理税务登记业务。

人物：伊一（行政文员）、方圆（会计）。

伊一：“方圆，接力棒到你了，你去办理税务方面的登记吧。”

方圆：“这么快就办好了呀。五证合一后办事效率就是高。现在税务实名报税了，孙总出差啥时候回来呀？”

伊一：“这个……估计月底吧……不好说，怎么啦？”

方圆：“去税务局实名呀。唉，我还是先办补录采集吧。”

伊一：“啥时候要车呀，司机今天休假了。”

方圆："不用车……"

方圆庆幸，以前要办理税务登记要填一大堆表格，复制一大堆东西，现在都可以直接网上办理，当然就不用车了。

方圆打开税务局网站，进入电子税务局页面，选择进入"新办纳税人套餐"，对公司的资料进行录入，如图 1.6 所示。然后逐项办理电子税务局注册开户、登记信息确认、财务会计制度及核算软件备案、纳税人存款账户账号报告、增值税一般纳税人登记、发票票种核定、增值税专用发票最高开票限额审批、实名办税、增值税税控系统专用设备初始发行、发票领用等。（注：具体办理中，纳税人可依据自身情况，按照相关提示，有选择性地完成上述等事项。）

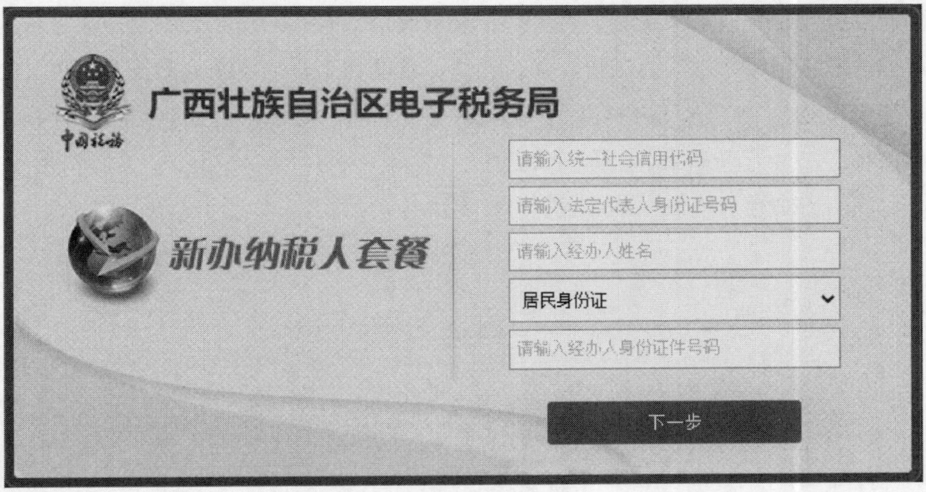

图 1.6　新办纳税人套餐

方圆："伊一，营业执照扫描件你还没发我呢。"

伊一："一体机正在修，没看到我在等出纳回来拿钱吗？"

方圆："额，我手机在充电呢，借你手机给我用用。"

伊一："怎么了？抢红包吗？"

方圆："我在工作好嘛，手机借用一下，我在办理税务登记。"

伊一："现在办税手机就可以了？"

方圆："对啊，去税务局手机可以预约，微信扫码排队。节省办税人不少时间呢！”

伊一：“税务局越来越贴心了。”

1.5.2 办理税务变更业务

情景：行政伊一把变更好的营业执照拿到了财务部，交由会计方圆办理税务变更业务。

人物：伊一（行政文员）、方圆（会计）。

伊一：“方圆，这是新的营业执照。继续接力。”

方圆：“啥时候又开了家新公司？”

伊一：“不是，是增加了营业范围，由原来的‘餐饮服务，餐具、食品、农副产品销售，企业形象策划’变更为‘餐饮服务，餐具、食品、农副产品、日用百货、酒店用品、水产品销售，禽畜养殖，食品加工，烟草制品批发及零售，企业形象策划’，加了好多内容，看来以后工资会涨。对了，营业执照扫描件我发你邮箱了，今天事多就不在你们这里待了。”

随后方圆登录税务网站，填写“变更税务登记表”，如图 1.7 所示。

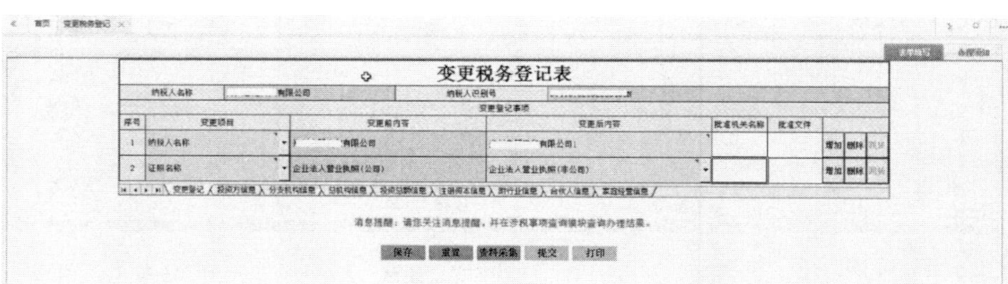

图 1.7　变更税务登记表

然后点击“资料采集”进入资料采集页面，上传营业执照、身份证。

全部填写确认无误后，点击“提交”，页面提示“操作成功！”后，点击“确定”（如图 1.8 所示），页面跳转至办税进度及结果信息查询。

方圆联系了税务局管理所的工作人员得知，查询页面状态栏显示“已完成”即完成了税务登记的变更，不用跑税务局了。

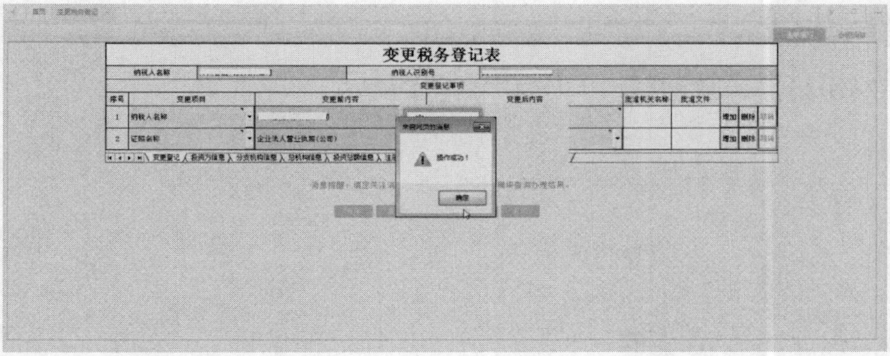

图 1.8　确认操作

第 2 章
一种由“增值”而产生的税

从字面上看，增值税就是“增值”而产生的“税”。

对于销货单位来说，这个“税额”就是销项税，销项税是纳税人发生销售货物、应税劳务等，按照销售额和相应的税率计算并向购买方收取的增值税额。无论是一般纳税人还是小规模纳税人，也无论是开增值税专用发票还是普通发票，或是对方不要票（未开票收入），只要是发生了应税业务，属于增值税应税范围，就涉及增值税销项税。

对于购货单位来说，这个“税额”就未必是进项税，虽然进项税与销项税是“礼尚往来”的意思，但有时候也会“来而不往”。增值税进项税指的是纳税人购进货物、接受应税劳务等所支付或负担的增值税额。这与“销项税”有所不同，是一般纳税人特有的。小规模纳税人没有进项税抵扣的情况。

那么到底什么是一般纳税人，什么是小规模纳税人？什么情况产生销项税？什么时候有进项税？

2.1 什么情况下需要缴增值税

2016 年 5 月 1 日全面“营改增”之后，像酒店、餐饮、房地产等以前缴纳营业税的行业，现在都改为缴纳增值税了，营业税已经退出了历史的舞台。

2.1.1 增值税的征税范围有哪些

增值税的征税范围包括：销售、进口货物，提供加工、修理修配劳务，销售服务，销售无形资产，销售不动产等。

（1）销售、进口货物

① 销售：有偿转让。不论从购买方取得货币，还是取得货物、其他经济利益，均属于有偿。

② 进口：申报进入中国海关境内。

③ 货物：指有形动产，包括电力、热力、气体在内。

（2）销售无形资产

无形资产，是指不具有实物形态，但能带来经济利益的资产，包括：

① 技术（包括专利技术和非专利技术）、商标、著作权、商誉。

② 自然资源使用权，包括土地使用权、海域使用权、探矿权、采矿权、取水权和其他自然资源使用权。

③ 其他权益性无形资产，包括基础设施资产经营权（例如，高速公路经营权）、公共事业特许权、配额、经营权（包括特许经营权、连锁经营权、其他经营权）、经销权、分销权、代理权、会员权、席位权、网络游戏虚拟道具、域名、名称权、肖像权、冠名权、转会费等。

（3）销售不动产

① 不动产，分为：

a. 建筑物。

b. 构筑物，包括道路、桥梁、隧道、水坝等建造物。

② 下列情形，按照销售不动产缴纳增值税：

a. 转让建筑物有限产权或者永久使用权的。

b. 转让在建的建筑物或者构筑物所有权的。

c. 在转让建筑物、构筑物时一并转让其所占土地的使用权的。

（4）销售加工、修理修配劳务

① 加工，是指受托加工货物，即委托方提供原料及主要材料，受托方按照委托方的要求，制造货物并收取加工费的业务。

② 修理修配，是指受托对损伤和丧失功能的货物进行修复，使其恢复原状和功能的业务。

（5）销售服务

① 交通运输服务。

a. 交通运输服务，是指利用运输工具将货物或者旅客送达目的地，使其空间位置得到转移的业务活动。包括陆路运输服务、水路运输服务、航空运输服务和管道运输服务。

b. 出租车公司向使用本公司自有出租车的出租车司机收取的管理费用，按照陆路运输服务缴纳增值税。

c. 水路运输的程租、期租业务，航空运输的湿租业务，属于交通运输服务。

d. 无运输工具承运业务，按照交通运输服务缴纳增值税。

② 邮政服务。

邮政服务是指中国邮政集团公司及其所属邮政企业提供邮件寄递、邮政汇兑和机要通信等邮政基本服务的业务活动。

a. 邮政普遍服务，是指函件、包裹等邮件寄递，以及邮票发行、报刊发行和邮政汇兑等业务活动。

b. 邮政特殊服务，是指义务兵平常信函、机要通信、盲人读物和革命烈士遗物的寄递等业务活动。

c. 其他邮政服务，是指邮册等邮品销售、邮政代理等业务活动。

③ 电信服务。

a. 基础电信服务，是指利用固网、移动网、卫星、互联网，提供语音通话服务的业务活动，以及出租或者出售带宽、波长等网络元素的业务活动。

b. 增值电信服务，是指利用固网、移动网、卫星、互联网、有线电视网络，提供短信和彩信服务、电子数据和信息的传输及应用服务、互联网接入服务等业务活动。

c. 卫星电视信号落地转接服务，按照增值电信服务缴纳增值税。

④ 建筑服务。

a. 工程服务，是指新建、改建各种建筑物、构筑物的工程作业。

b. 安装服务，是指生产设备、动力设备、起重设备等设备、设施的装配、安置工程作业。固定电话、有线电视、宽带、水、电、燃气、暖气等经营者向用户收取的安装费、初装费、开户费、扩容费以及类似收费，按照安装服务缴纳增值税。

c. 修缮服务，是指对建筑物、构筑物进行修补、加固、养护、改善，使之恢复原来的使用价值或者延长其使用期限的工程作业。

d. 装饰服务，是指对建筑物、构筑物进行修饰装修，使之美观或者具有特定用途的工程作业。

e. 其他建筑服务，如钻井（打井）、拆除建筑物或者构筑物、平整土地、园林绿化、疏浚（不包括航道疏浚）、建筑物平移、搭脚手架、爆破、矿山穿孔、表面附着物（包括岩层、土层、沙层等）剥离和清理等工程作业。

⑤ 金融服务。

a. 贷款服务，指各种占用、拆借资金取得的收入，包括金融商品持有期间（含到期）利息（保本收益、报酬、资金占用费、补偿金等）收入、信用卡透支利息收入、买入返售金融商品利息收入、融资融券收取的利息收入，以及融资性售后回租、押汇、罚息、票据贴现、转贷等业务取得的利息及利息性质的收入。

b. 直接收费金融服务，包括提供货币兑换、账户管理、电子银行、信用卡、信用证、财务担保、资产管理、信托管理、基金管理、金融交易场所（平台）管理、资金结算、资金清算、金融支付等服务。

c. 保险服务，包括人身保险服务和财产保险服务。

d. 金融商品转让，指转让外汇、有价证券、非货物期货和其他金融商品所有权的业务活动。其他金融商品转让包括基金、信托、理财产品等各类资产管理产品和各种金融衍生品的转让。

⑥ 现代服务。

现代服务是指围绕制造业、文化产业、现代物流产业等提供技术性、知识性服务的业务活动。

a. 研发和技术服务，包括研发服务、合同能源管理服务、工程勘察勘探服务、专业技术服务。

b. 信息技术服务，包括软件服务、电路设计及测试服务、信息系统服务、业务流程管理服务和信息系统增值服务。

c. 文化创意服务，包括设计服务、知识产权服务、广告服务和会议展览服务。

d. 物流辅助服务，包括航空服务、港口码头服务、货运客运场站服务、打捞救助服务、装卸搬运服务、仓储服务和收派服务。

e. 租赁服务。

• 包括融资租赁服务和经营租赁服务。

• 将建筑物、构筑物等不动产或者飞机、车辆等有形动产的广告位出租给其他单位或者个人用于发布广告，按照经营租赁服务缴纳增值税。

• 车辆停放服务、道路通行服务（包括过路费、过桥费、过闸费等）等按照不动产经营租赁服务缴纳增值税。

f. 鉴证咨询服务。

• 包括认证服务、鉴证服务和咨询服务。

• 翻译服务和市场调查服务按照咨询服务缴纳增值税。

g. 广播影视服务，包括广播影视节目（作品）的制作服务、发行服务和播映（含放映）服务。

h. 商务辅助服务，包括企业管理服务、经纪代理服务、人力资源服务、安全保护服务。

i. 其他现代服务。

⑦ 生活服务。

a. 文化体育服务。

b. 教育医疗服务。

c. 旅游娱乐服务。

d. 餐饮住宿服务。

e. 居民日常服务，包括市容市政管理、家政、婚庆、养老、殡葬、照料和护理、救助救济、美容美发、按摩、桑拿、氧吧、足疗、沐浴、洗染、摄影扩印等服务。

f. 其他生活服务。

2.1.2 视同销售的情形有哪些

根据现行税法规定，下列情形应当视同销售：

（1）视同销售货物

① 将货物交付其他单位或个人代销。

② 销售代销货物。

③ 设有两个以上机构并实行统一核算的纳税人，将货物从一个机构移送至其他机构用于销售，但相关机构设在同一县（市）的除外。

④ 将自产、委托加工的货物用于集体福利或个人消费。

⑤ 将自产、委托加工或购买的货物作为投资，提供给其他单位或个体经营者。

⑥ 将自产、委托加工或购买的货物用于分配给股东或投资者。

⑦ 将自产、委托加工或购买的货物无偿赠送给其他单位或个人。

（2）视同销售服务、无形资产、不动产

① 单位或者个体工商户向其他单位或者个人无偿提供服务，但用于公益事业或者以社会公众为对象的除外。

② 单位或者个人向其他单位或者个人无偿转让无形资产或者不动产，但用于公益事业或者以社会公众为对象的除外。

③ 财政部和国家税务总局规定的其他情形。

2.1.3 增值税“境内”销售如何界定

（1）增值税的征税范围

包括在中华人民共和国境内销售货物或者劳务，销售服务、无形资产、不动产以及进口货物。

（2）在中国境内销售货物

是指销售货物的起运地或者所在地在境内。

（3）在中国境内销售劳务

是指提供的劳务发生地在境内。

（4）境内销售服务、无形资产或者不动产的界定

① 在境内销售服务、无形资产或者不动产。

a. 服务（租赁不动产除外）或者无形资产（自然资源使用权除外）的销售方或者购买方在境内。

b. 所销售或者租赁的不动产在境内。

c. 所销售自然资源使用权的自然资源在境内。

d. 财政部和国家税务总局规定的其他情形。

② 不属于在境内销售服务或者无形资产。

a. 境外单位或者个人向境内单位或者个人销售完全在境外发生的服务。

b. 境外单位或者个人向境内单位或者个人销售完全在境外使用的无形资产。

c. 境外单位或者个人向境内单位或者个人出租完全在境外使用的有形动产。

d. 财政部和国家税务总局规定的其他情形。

2.1.4 不征收增值税的情形有哪些

（1）非营业活动

① 行政单位收取的同时满足以下条件的政府性基金或者行政事业性收费，不缴纳增值税：

a. 由国务院或者财政部批准设立的政府性基金，由国务院或者省级人民政府及其财政、价格主管部门批准设立的行政事业性收费。

b. 收取时开具省级以上（含省级）财政部门监（印）制的财政票据。

c. 所收款项全额上缴财政。

② 单位或者个体工商户聘用的员工为本单位或者雇主提供加工、修理修配劳务，不缴纳增值税。

③ 单位或者个体工商户聘用的员工为本单位或者雇主提供取得工资的服务，不缴纳增值税。

④ 单位或者个体工商户为聘用的员工提供服务，不缴纳增值税。

（2）其他不征收增值税的项目

① 根据国家指令无偿提供的铁路运输服务、航空运输服务，属于《营业税改征增值税试点实施办法》规定的用于公益事业的服务，不征收增值税。

② 存款利息，不征收增值税。

③ 被保险人获得的保险赔付，不征收增值税。

④ 房地产主管部门或者其指定机构、公积金管理中心、开发企业以及物业管理单位代收的住宅专项维修资金，不征收增值税。

⑤ 在资产重组过程中，通过合并、分立、出售、置换等方式，将全部或者部分实物资产以及与其相关联的债权、负债和劳动力一并转让给其他单位和个人，其中涉及的货物、不动产、土地使用权转让行为，不征收增值税。

2.1.5 如何区分混合销售与兼营

（1）混合销售

① 关键界定标准：在同一项销售行为中同时存在货物和服务的混合，二者有从属关系。

② 税务处理：按纳税人经营主业缴纳增值税，销售额为货物销售额与服务销售额的合计。

（2）兼营

① 关键界定标准：同一纳税主体，既销售货物、加工修理修配劳务，又销售服务、无形资产、不动产，各类业务并无必然的从属关系（可以同时发生，也可以不同时发生）。

② 税务处理：

a. 分别核算：分别适用税率或征收率。

b. 未分别核算：从高适用税率或从高适用征收率。

2.1.6 增值税纳税义务发生时间如何确定

（1）纳税人发生应税销售行为，为收讫销售款项或者取得索取销售款项凭据的当天；先开具发票的，为开具发票的当天

所谓“收讫销售款项或者取得索取销售款项凭据的当天”，具体为：

① 采取直接收款方式销售货物，不论货物是否发出，均为收到销售款或取得索取销售款凭据的当天。

② 采取托收承付和委托银行收款方式销售货物，为发出货物并办妥托收手续的当天。

③ 采取赊销和分期收款方式销售货物，为书面合同约定的收款日期当天，无书面合同的或者书面合同没有约定收款日期的，为货物发出的当天。

④ 预收款。

a. 采取预收货款方式销售货物，为货物发出的当天，但生产销售生产工期超过 12 个月的大型机械设备、船舶、飞机等货物，为收到预收款或者书面合同约定的收款日期的当天。

b. 纳税人提供租赁服务采取预收款方式的，其纳税义务发生时间为收到预收款的当天。

⑤ 视同销售。

a. 委托其他纳税人代销货物，为最早发生的下列时间之一：

• 收到代销单位的代销清单当天。

• 收到全部或者部分货款当天。

• 发出代销货物满 180 天的当天。

b. 发生视同销售货物行为（委托他人代销货物、销售代销货物除外），为货

物移送当天。

c. 发生视同销售服务、无形资产、不动产情形的，其纳税义务发生时间为服务、无形资产转让完成的当天或者不动产权属变更的当天。

⑥ 纳税人从事金融商品转让的，为金融商品所有权转移的当天。

（2）纳税人进口货物，其纳税义务发生时间为报关进口的当天

（3）增值税扣缴义务发生时间为纳税人增值税纳税义务发生的当天

2.2 增值税如何核算（上）

2.2.1 增值税的纳税人有哪些

（1）纳税人分类

根据纳税人的经营规模以及会计核算健全程度的不同，增值税的纳税人可以分为一般纳税人和小规模纳税人：

① 年应征增值税销售额超过 500 万元，除个体工商户以外的其他个人，应当向税务机关办理一般纳税人登记。

② 年应征增值税销售额 500 万元及以下，且会计核算健全，能够提供准确税务资料，可以登记成为一般纳税人，不能满足上述条件的，为小规模纳税人。

（2）征税办法及发票使用

① 征税办法。

一般纳税人：通常采用一般计税方法。

小规模纳税人：只能采用简易计税方法。

② 发票使用（能否开具增值税专用发票）。

一般纳税人：可以依法开具增值税专用发票。

小规模纳税人：小规模纳税人（其他个人除外）发生增值税应税行为，需要开具增值税专用发票的，可以自愿使用增值税发票管理系统自行开具。

票面税额＝票面“金额”× 税率 / 征收率

（3）扣缴义务人

中华人民共和国境外单位或者个人在境内销售劳务，在境内未设有经营机构的，以其境内代理人为扣缴义务人；在境内没有代理人的，以购买方为增值税扣缴义务人。

2.2.2 增值税的税率是多少

税率，是对征税对象的征收比例或征收额度。

2.2.2.1 增值税税率变化

2017 年的 7 月，增值税税率取消了 13% 的税率，由“五档（17%、13%、11%、6%、0%）”简并成“四档（17%、11%、6%、0%）”。

2018 年 5 月 1 日起，增值税税率调整，即原适用 17% 和 11% 税率的，税率分别调整为 16%、10%。

2019 年 4 月 1 日起，增值税税率再次调整。

截至目前，增值税的税率分为四档——13%、9%、6%、0%。

2.2.2.2 增值税税率

增值税的税率分为基本税率（13%）、低税率（9%、6%）和零税率。

（1）基本税率 13%

适用基本税率 13% 的业务包括：

① 销售或者进口货物（税法规定适用低税率的除外）。

② 销售加工、修理修配劳务。

③ 销售有形动产租赁服务。

（2）低税率 9%

适用低税率 9% 的产品和业务包括：

① 粮食等农产品（各种植物、动物的初级产品）、食用植物油、食用盐。

② 自来水、暖气、冷气、热水、煤气、石油液化气、天然气、二甲醚、沼气、居民用煤炭制品。

③ 图书、报纸、杂志、音像制品、电子出版物。

④ 饲料、化肥、农药、农机、农膜。

⑤ 交通运输、邮政、基础电信、建筑、不动产租赁服务、销售不动产、转让土地使用权。

（3）低税率 6%

适用低税率 6% 的业务为除适用上述基本税率 13% 和低税率 9% 以外的其他征税项目。

（4）零税率

纳税人出口货物，适用增值税零税率（但国务院另有规定的除外）。我国境内的单位和个人销售的下列服务和无形资产，适用增值税零税率。

① 国际运输服务。

② 航天运输服务。

③ 向境外单位提供的完全在境外消费的下列服务：研发服务；合同能源管理服务；设计服务；广播影视节目（作品）的制作和发行服务；软件服务；电路设计及测试服务；信息系统服务；业务流程管理服务；离岸服务外包业务；转让技术。

④ 财政部和国家税务总局规定的其他服务。

答会计问

问：零税率和免税的区别是什么？

答：零税率不同于免税。以货物为例，出口货物免税仅指在出口环节不征收增值税；零税率是指对出口货物除了在出口环节不征收增值税外，还要对该产品在出口前已经缴纳的增值税进行退税，使该出口产品在出口时完全不含增值税税款，从而以无税产品进入国际市场。

2.2.2.3 退税率

① 原适用16%税率且出口退税率为16%的出口货物劳务，出口退税率调整为13%。

② 原适用10%税率且出口退税率为10%的出口货物、跨境应税行为，出口退税率调整为9%。

③ 适用13%税率的境外旅客购物离境退税物品，退税率为11%。

④ 适用9%税率的境外旅客购物离境退税物品，退税率为8%。

2.2.3 增值税应纳税额如何计算

（1）一般计税方法

当期应纳税额＝当期销项税额－当期准予抵扣的进项税额

当期销项税额＝不含增值税销售额×适用税率

＝含增值税销售额÷（1+适用税率）×适用税率

（2）简易计税方法

当期应纳税额＝不含增值税销售额×征收率

＝含增值税销售额÷（1+征收率）×征收率

（3）进口货物增值税（不区分一般纳税人、小规模纳税人）

① 进口非应税消费品：

应纳税额＝组成计税价格 × 税率

＝（关税完税价格＋关税税额）× 税率

② 进口应税消费品：

应纳税额＝组成计税价格 × 税率

＝（关税完税价格＋关税税额＋消费税税额）× 税率

（4）扣缴计税方法

境外单位或者个人在境内发生应税行为，在境内未设有经营机构的，扣缴义务人按照下列公式计算应扣缴税额：

应扣缴税额＝购买方支付的价款 ÷（1＋税率）× 税率

2.2.4　销售额如何确定

销售额，通常是指纳税人销售货物、劳务、服务、无形资产或者不动产向购买方收取的全部价款和价外费用，但不包括收取的增值税税额。

（1）价外费用

① 价外费用，包括价外向购买方收取的手续费、补贴、基金、集资费、返还利润、奖励费、违约金、滞纳金、延期付款利息、赔偿金、代收款项、代垫款项、包装费、包装物租金、储备费、优质费、运输装卸费以及其他各种性质的价外收费。

② 除另有规定外，价外费用无论其会计制度如何核算，均应（价税分离后）并入销售额计算增值税。

③ 下列项目不包括在销售额内：

a. 受托加工应征消费税的消费品所代收代缴的消费税。

b. 同时符合以下条件代为收取的政府性基金或者行政事业性收费：由国务院或者财政部批准设立的政府性基金，由国务院或者省级人民政府及其财政、价格主管部门批准设立的行政事业性收费；收取时开具省级以上财政部门印制的财政票据；所收款项全额上缴财政。

c. 销售货物的同时代办保险等而向购买方收取的保险费，以及向购买方收取的代购买方缴纳的车辆购置税、车辆牌照费。

d. 以委托方名义开具发票代委托方收取的款项。

（2）增值税的计税销售额应当是不含增值税的销售额

① 如何换算？

不含增值税销售额＝含增值税销售额 ÷（1 ＋适用税率或者征收率）

② 如何判断金额是否含税？

a. 价外费用属于含税收入。

b. 商业企业零售价通常为含税价。

c. 增值税专用发票上“金额”栏内注明的金额为不含税金额。

d. 需要并入销售额一并缴纳增值税的包装物押金，属于含税收入。

e. 按照交易习惯，在交易中使用含税价往来的（例如，金融商品转让中的买入价、卖出价，以旧换新业务中的旧货作价）。

2.2.5 销售额如何核定

（1）需要核定销售额的情形

① 纳税人发生视同销售行为，无销售额的。

② 纳税人发生应税销售行为的价格明显偏低并无正当理由的，由税务机关核定其销售额。

（2）核定销售额的方法

税务机关有权按照下列顺序核定销售额：

① 按纳税人最近时期销售同类货物、劳务、服务、无形资产或者不动产的平均销售价格确定。

② 按其他纳税人最近时期销售同类货物、劳务、服务、无形资产或者不动产的平均销售价格确定。

③ 按组成计税价格确定。

（3）组成计税价格

① 非应税消费品：

组成计税价格＝成本 ×（1 ＋成本利润率）

② 应税消费品：

组成计税价格＝成本 ×（1 ＋成本利润率）＋消费税税额

2.2.6 特殊销售方式下货物销售额如何确定

（1）商业折扣（折扣方式销售）

① 销售额和折扣额在同一张发票的金额栏分别注明的，计税销售额为“不含增值税折后价”，即按折扣后的销售额征收增值税。

② 将折扣额在同一张发票的备注栏注明或将折扣额另开发票的，计税销售额为“不含增值税的原价”，即折扣额不得冲减销售额。

（2）以旧换新

① 金银首饰：计税销售额为“不含增值税的差价”，即销售方实际收取的不含增值税的全部价款。

② 其他货物：计税销售额为“不含增值税的新货价”，即新货物的同期（不含增值税）销售价格。

（3）包装物押金

包装物到期返还应退还押金。

① 非酒类产品、啤酒、黄酒。

a. 单独记账核算：收取时，不作销售处理；按约定期限退还且不超过 1 年，自始至终不作销售处理；超过 1 年或超过合同约定期限未退（逾期未退时），价税分离后并入销售额。

b. 不单独记账核算：收取时，价税分离后并入销售额；其他时点，不再重复处理。

② 其他酒（如白酒、红酒、药酒等）。不论是否返还，也不论会计上如何核算，收取时，价税分离后并入销售额；其他时点不再重复处理。

（4）其他特殊销售业务

① 还本销售。

a. 还本销售，是指纳税人在销售货物后，到一定期限一次或分次退还给购货方全部或部分价款的一种销售方式。这种方式实际上是一种筹资，是以货物换取资金的使用价值，到期还本不付息的方法。

b. 纳税人采取还本销售方式销售货物，其销售额就是货物的销售价格，不得从销售额中减除还本支出。

② 以物易物：双方均作购销处理。

a. 以各自发出的货物核算销售额并计算销项税额。

b. 以各自收到的货物按规定核算购货额并依法抵扣进项税额。

③ 直销。

a. 直销企业先将货物销售给直销员，直销员再将货物销售给消费者的，直销企业的销售额为其向直销员收取的全部价款和价外费用。

b. 直销企业通过直销员向消费者销售货物，直接向消费者收取货款的，直销企业的销售额为其向消费者收取的全部价款和价外费用。

④ 销售折让或退回。纳税人发生应税销售行为，开具增值税专用发票后，发生开票有误或者销售折让、中止、退回等情形的，应当按照国家税务总局的规定开具红字增值税专用发票；未按照规定开具红字增值税专用发票的，不得扣减销项税额或者销售额。

2.2.7 特殊行业的销售额如何确定

（1）全额计税

① 贷款服务：以提供贷款服务取得的全部利息及利息性质的收入为销售额。

② 直接收费金融服务：以提供直接收费金融服务收取的手续费、佣金、酬金、管理费、服务费、经手费、开户费、过户费、结算费、转托管费等各类费用为销售额。

（2）差额计税

① 金融商品转让。

a. 按照卖出价扣除买入价后的余额为销售额。

b. 转让金融商品出现的正负差，按盈亏相抵后的余额为销售额。若相抵后出现负差，可结转下一纳税期与下期转让金融商品销售额相抵，但年末时仍出现负差的，不得转入下一个会计年度。

c. 金融商品的买入价，可以选择按照加权平均法或者移动加权平均法进行核算，选择后 36 个月内不得变更。

d. 金融商品转让，不得开具增值税专用发票。

e. 纳税人无偿转让股票时，转出方以该股票的买入价为卖出价，按照“金融商品转让”计算缴纳增值税；在转入方将上述股票再转让时，以原转出方的卖出价为买入价，按照“金融商品转让”计算缴纳增值税。

② 经纪代理服务。

a. 以取得的全部价款和价外费用，扣除向委托方收取并代为支付的政府性基金或者行政事业性收费后的余额为销售额。

b. 向委托方收取的政府性基金或者行政事业性收费，不得开具增值税专用发票。

③ 航空运输企业。销售额不包括代收的民航发展基金（原机场建设费）和代售其他航空运输企业客票而代收转付的价款。

④ 一般纳税人提供客运场站服务。以其取得的全部价款和价外费用，扣除支付给承运方运费后的余额为销售额。

⑤ 旅游服务（选择差额计税）。

a. 可以选择以取得的全部价款和价外费用，扣除向旅游服务购买方收取并支付给其他单位或者个人的住宿费、餐饮费、交通费、签证费、门票费和支付给其他接团旅游企业的旅游费用后的余额为销售额。

b. 选择上述办法计算销售额的纳税人，向旅游服务购买方收取并支付的上述费用，不得开具增值税专用发票，可以开具普通发票。

⑥ 劳务派遣服务（选择差额计税）。一般纳税人提供劳务派遣服务，可以按照规定以取得的全部价款和价外费用为销售额，按照一般计税方法计算缴纳增值税；也可以选择差额计税，以取得的全部价款和价外费用，扣除代用工单位支付给劳务派遣员工的工资、福利和为其办理社会保险及住房公积金后的余额为销售额。

⑦ 纳税人提供建筑服务适用简易计税方法的，以取得的全部价款和价外费用扣除支付的分包款后的余额为销售额。

⑧ 房地产开发企业中的一般纳税人销售其开发的房地产项目（选择简易计税方法的房地产老项目除外）的，以取得的全部价款和价外费用，扣除受让土地时向政府部门支付的土地价款后的余额为销售额。

2.3 增值税如何核算（下）

2.3.1 能否抵扣进项税额

（1）是否取得了合法扣税凭证

① 纳税人取得的增值税扣税凭证不符合法律、行政法规或者国务院税务主管部门有关规定的，其进项税额不得从销项税额中抵扣。

② 合法扣税凭证的种类：

a. 增值税专用发票（含税控机动车销售统一发票）。

b. 海关进口增值税专用缴款书。

c. 农产品收购发票。

d. 农产品销售发票。

e. 代扣代缴税款的完税凭证。

f. 符合规定的国内旅客运输发票。

（2）是否用于可抵扣用途

① 用于不产生销项税额的项目。

a. 用于简易计税方法计税项目、免征增值税项目、集体福利或者个人消费的购进货物、加工修理修配劳务、服务、无形资产和不动产，不得抵扣进项税额。其中，涉及固定资产、无形资产（不包括其他权益性无形资产）、不动产的，仅指专用于上述项目的固定资产、无形资产、不动产；如果既用于上述项目，又用于可抵扣项目的，该进项税额准予全部抵扣。

b. 纳税人租入固定资产、不动产，既用于一般计税方法计税项目，又用于简易计税方法计税项目、免征增值税项目、集体福利或者个人消费的，其进项税额准予从销项税额中全额抵扣。

c. 适用一般计税方法的纳税人，兼营简易计税方法计税项目、免征增值税项目而无法划分不得抵扣的进项税额，按照下列公式计算不得抵扣的进项税额：

不得抵扣的进项税额＝当期无法划分的全部进项税额 ×（当期简易计税方法计税项目销售额＋免征增值税项目销售额）÷ 当期全部销售额

② 非正常损失。

a. 非正常损失，是指因管理不善造成货物被盗、丢失、霉烂变质的损失，以及因违反法律法规造成货物或不动产被依法没收、销毁、拆除的情形。如果是因不可抗力（如自然灾害）毁损或者发生合理损耗，对应的进项税额可以依法抵扣。

b. 非正常损失的购进货物，以及相关的加工修理修配劳务和交通运输服务，不得抵扣进项税额。

c. 非正常损失的在产品、产成品所耗用的购进货物（不包括固定资产）、加工修理修配劳务和交通运输服务，不得抵扣进项税额。

d. 非正常损失的不动产，以及该不动产所耗用的购进货物、设计服务和建筑服务，不得抵扣进项税额。

e. 非正常损失的不动产在建工程（包括新建、改建、扩建、修缮、装饰不动产）所耗用的购进货物、设计服务和建筑服务，不得抵扣进项税额。

2.3.2 应抵扣多少进项税额

（1）按凭证上注明的税额抵扣

① 基本规定：纳税人购进货物、劳务、服务、无形资产或者不动产，取得增值税专用发票（含税控机动车销售统一发票）、海关进口增值税专用缴款书、代扣代缴税款的完税凭证的，除另有规定外，按凭证上注明的增值税税额，从销项税额中抵扣。

② 购进固定资产进项税额处理的历史沿革。

a. 自 2009 年 1 月 1 日起，增值税一般纳税人外购的用于生产经营的固定资产（有形动产，作为纳税人自用消费品的汽车、摩托车、游艇除外），其进项税额可以抵扣。

b. 自 2013 年 8 月 1 日起，纳税人购进应征消费税的汽车、摩托车、游艇自用，可以抵扣购进时的增值税进项税额。

c. 2016 年 5 月 1 日后取得并在会计制度上按固定资产核算的不动产，以及 2016 年 5 月 1 日后取得的不动产在建工程，其进项税额应按照有关规定分 2 年从销项税额中抵扣，第一年抵扣比例为 60%，第二年抵扣比例为 40%。

d. 自 2019 年 4 月 1 日起，纳税人取得不动产或者不动产在建工程的进项税额不再分 2 年抵扣。

（2）购进农产品的计算抵扣

① 购进农产品用于“深加工”之外的用途。

a. 购进农产品取得一般纳税人开具的增值税专用发票或者海关进口增值税专用缴款书的，以增值税专用发票或者海关进口增值税专用缴款书上注明的增值税额为进项税额（按凭证上注明的税额抵扣）。

b. 购进农产品从按照简易计税方法依据 3% 征收率计算缴纳增值税的小规模纳税人取得增值税专用发票的，以增值税专用发票上注明的金额和 9% 的扣除率计算进项税额（计算抵扣）。

c. 购进农产品取得农产品销售发票或开具收购发票的，以农产品销售发票或收购发票上注明的农产品买价和 9% 的扣除率计算进项税额（计算抵扣）。

② 购进用于生产或者委托加工 13% 税率货物（深加工）的农产品按 10% 扣除率计算进项税额（计算抵扣）。

（3）购进国内旅客运输服务的计算抵扣

① 增值税专用发票 / 增值税电子普通发票：按票面注明的税额抵扣。

② 注明旅客身份信息的航空运输电子客票行程单（计算抵扣）：

进项税额＝（票价＋燃油附加费）÷（1 ＋ 9%）×9%

③ 注明旅客身份信息的铁路车票（计算抵扣）：

进项税额＝票面金额 ÷（1 ＋ 9%）×9%

④ 注明旅客身份信息的公路、水路等其他客票（计算抵扣）：

进项税额＝票面金额 ÷（1 ＋ 3%）×3%

2.3.3 如何核算扣减 / 转增 / 留抵的进项税额

（1）扣减进项税额

① 已抵扣进项税额的货物改变用途（进项税额转出）：

a. 已抵扣进项税额的购进货物（不含固定资产），如果事后改变用途，用于简易计税项目、免税项目、集体福利、个人消费或者发生非正常损失，应当将该进项税额从当期进项税额中扣减。

b. 已抵扣进项税额的固定资产或者无形资产，发生税法规定的不得从销项税额中抵扣情形的，按照下列公式计算不得抵扣的进项税额：

不得抵扣的进项税额＝固定资产、无形资产净值 × 适用税率

② 纳税人适用一般计税方法计税的，因销售折让、中止或者退回而退还给购买方的增值税额，应当从当期的销项税额中扣减；因销售折让、中止或者退回而收回的增值税额，应当从当期的进项税额中扣减。

（2）转增进项税额

① 按照税法规定不得抵扣且未抵扣进项税额的固定资产或者无形资产，发生用途改变，用于允许抵扣进项税额的应税项目，可在用途改变的次月按照下列公式，依据合法有效的增值税扣税凭证，计算可以抵扣的进项税额：

可以抵扣的进项税额＝固定资产、无形资产净值 ÷（1+ 适用税率）× 适用税率

② 按照规定不得抵扣进项税额的不动产，发生改变用途，用于允许抵扣进项税额项目的，按照下列公式在改变用途的次月计算可抵扣进项税额：

可抵扣进项税额＝增值税扣税凭证注明或计算的进项税额 × 不动产净值率

（3）留抵进项税额

除另有规定外，当期销项税额小于当期进项税额，不足抵扣时，其不足抵扣部分可以结转下期继续抵扣。

2.3.4　一般纳税人采用简易计税方法的情形有哪些

（1）简易计税方法的计税公式

当期应纳税额＝不含增值税销售额 × 征收率

＝含增值税销售额 ÷（1＋征收率）× 征收率

（2）征收率为 5%

① 转让不动产。

a. 一般纳税人转让其 2016 年 4 月 30 日前取得的不动产，选择简易方法计税的，按照 5% 的征收率征收增值税。（全额计税）

b. 房地产开发企业（一般纳税人）销售自行开发的 2016 年 4 月 30 日前开工建设的房地产项目（老项目），选择简易计税方法计税的，按照 5% 的征收率征收增值税。（全额计税）

c. 房地产开发企业中的一般纳税人销售其开发的房地产项目（选择简易计税方法的房地产老项目除外），以取得的全部价款和价外费用，扣除受让土地时向政府部门支付的土地价款后的余额为销售额。（一般计税方法、适用 9% 的税率、余额计税）

② 出租不动产。一般纳税人出租其 2016 年 4 月 30 日前取得的不动产，选择简易计税方法计税的，按照 5% 的征收率征收增值税。（全额计税）

③ 纳税人提供劳务派遣服务，选择差额纳税的，按照 5% 的征收率征收增值税。

（3）征收率 5% 减按 1.5% 征收

自 2021 年 10 月 1 日起，住房租赁企业中的增值税一般纳税人向个人出租住房取得的全部出租收入，可以选择简易计税办法，按照 5% 的征收率减按 1.5% 计算缴纳增值税，或适用一般计税方法计算缴纳增值税。

（4）征收率 3% 减按 2% 征收

① 一般纳税人销售自己使用过的物品。

a. 固定资产（不动产除外）按规定不得抵扣且未抵扣过进项税：

应缴纳的增值税＝含税售价 ÷（1+3%）×2%（可放弃减免）

b. 固定资产（不动产除外）按规定可以抵扣进项税或固定资产以外的其他物品：

销项税额＝含税售价 ÷（1+ 适用税率）× 适用税率

② 一般纳税人销售旧货。

a. 从事二手车经销的纳税人销售其收购的二手车减按 0.5% 征收率征收增值税：

应纳税额＝含税销售额 ÷（1 ＋ 0.5%）×0.5%

b. 其他二手物品：

应缴纳的增值税＝含税销售额 ÷（1 ＋ 3%）×2%

（5）可选择按 3% 征收率征收

① 一般纳税人销售自产的下列货物，可以选择按照简易办法依照 3% 征收率计算缴纳增值税：

a. 县级及县级以下小型水力发电单位生产的电力。

b. 建筑用和生产建筑材料所用的砂、土、石料。

c. 以自己采掘的砂、土、石料或其他矿物连续生产的砖、瓦、石灰（不含黏土实心砖、瓦）。

d. 用微生物、微生物代谢产物、动物毒素、人或动物的血液或组织制成的生物制品。

e. 自来水。

f. 商品混凝土（仅限于以水泥为原料生产的水泥混凝土）。

② 建筑服务。

a. 建筑企业一般纳税人提供建筑服务属于老项目（《建筑工程施工许可证》注明的合同开工日期在 2016 年 4 月 30 日前）的，可以选择简易办法依照 3% 征收率计算缴纳增值税。

b. 纳税人提供建筑服务适用简易计税方法的，以取得的全部价款和价外费用扣除支付的分包款后的余额为销售额。

③ 一般纳税人发生下列应税行为可以选择适用简易计税方法计税，包括但不限于：

a. 公共交通运输服务，包括轮客渡、公交客运、地铁、城市轻轨、出租车、长途客运、班车。

b. 电影放映服务、仓储服务、装卸搬运服务、收派服务和文化体育服务。

④ 一般纳税人发生财政部和国家税务总局规定的特定应税行为，可以选择适用简易计税方法计税，但一经选择，36 个月内不得变更。

（6）应当按照 3% 征收率征收

一般纳税人销售货物属于下列情形之一的，暂按简易办法依照 3% 征收率计算缴纳增值税：

① 寄售商店代销寄售物品（包括居民个人寄售的物品在内）。

② 典当业销售死当物品。

2.3.5 小规模纳税人应纳增值税如何计算

（1）一般销售业务

① 小规模纳税人应按照不含税销售额和征收率计算应纳税额，且不得抵扣进项税额。

应纳税额＝不含税销售额 × 征收率

＝含税销售额 ÷（1+ 征收率）× 征收率

② 征收率：小规模纳税人的一般销售业务适用征收率为 3%，自 2023 年 1 月 1 日至 2027 年 12 月 31 日，增值税小规模纳税人适用 3% 征收率的应税销售收入，减按 1% 征收率征收增值税；适用 3% 预征率的预缴增值税项目，减按 1% 预征率预缴增值税。

③ 起征点：增值税起征点的适用范围限于个人，且不适用于登记为一般纳税人的个体工商户。

起征点的幅度如下：

a. 按期纳税的，为月销售额 5 000 ～ 20 000 元（含本数）。

b. 按次纳税的，为每次（日）销售额 300 ～ 500 元（含本数）。

（2）小规模纳税人销售自己使用过的物品或销售旧货

① 其他个人销售自己使用过的物品：免征增值税。

② 其他小规模纳税人销售自己使用过的设备等固定资产。

应缴纳的增值税＝含税售价 ÷（1 ＋ 3%）×2%

③ 其他小规模纳税人销售旧货。

a. 从事二手车经销的纳税人销售其收购的二手车：

应纳税额＝含税销售额 ÷（1 ＋ 0.5%）×0.5%

b. 其他二手物品：

应缴纳的增值税＝含税售价 ÷（1 ＋ 3%）×2%

④ 其他小规模纳税人销售自己使用过的固定资产以外的其他物品。

应缴纳的增值税＝含税售价 ÷（1 ＋ 3%）×3%

（3）5% 征收率

① 小规模纳税人转让其取得的不动产，按照 5% 的征收率征收增值税（全额计税）。

② 小规模纳税人出租其取得的不动产（不含个人出租住房及住房租赁企业向个人出租住房），按照 5% 的征收率征收增值税（全额计税）。

③ 房地产开发企业（小规模纳税人）销售自行开发的房地产项目，按照 5% 的征收率征收增值税（全额计税）。

④ 单位和个体工商户出租不动产（不含个体工商户出租住房），按照 5% 的征收率计算应纳税额。个体工商户出租住房，按照 5% 的征收率减按 1.5% 计算应纳税额。

（4）因销售中止或折让等退还的销售额

纳税人适用简易计税方法计税的，因销售折让、中止或者退回而退还给购买方的销售额，应当从当期销售额中扣减。扣减当期销售额后仍有余额造成多缴的税款，可以从以后的应纳税额中扣减。

2.3.6 进口货物应纳增值税如何计算

纳税人进口货物，除另有规定外，无论是一般纳税人还是小规模纳税人，均应按照组成计税价格和规定的税率计算应纳税额，不允许抵扣发生在境外的任何税金。

（1）进口非应税消费品

应纳税额＝组成计税价格 × 税率＝（关税完税价格＋关税税额）× 增值税税率

（2）进口应税消费品

应纳税额＝组成计税价格 × 税率＝（关税完税价格＋关税税额＋消费税税额）× 增值税税率

2.3.7 增值税如何进行账务处理

增值税的相关业务须设置“应交税费”会计科目进行账务处理。

一般纳税人“应交税费”下应设置与增值税相关的明细科目，如表 2-1 所示。

表 2-1　应交税费科目设置

一级科目	二级科目	三级科目
应交税费	应交增值税	进项税额
		进项税额抵减
		已交税金
		转出未交增值税
		减免税额
		出口抵减内销产品应纳税额
		销项税额
		出口退税
		进项税额转出
		转出多交增值税
	未交增值税	
	预交增值税	
	待抵扣增值税	
	待认证增值税	
	待转销项税额	
	增值税留抵税额	
	简易计税	
	转让金融商品应交增值税	

2.3.7.1　采购业务

（1）采购等业务进项税额允许抵扣的账务处理

一般纳税人购进货物、加工修理修配劳务、服务、无形资产或不动产，

借：在途物资 / 原材料 / 库存商品 / 生产成本 / 无形资产 / 固定资产 / 管理费用等

应交税费——应交增值税（进项税额）

应交税费——待认证进项税额

贷：应付账款 / 应付票据 / 银行存款等

发生退货的，如原增值税专用发票已做认证，应根据税务机关开具的红字增值税专用发票做进项税额转出；如原增值税专用发票未做认证，应将发票退回并做相反的会计分录。

举个例子：

2023年1月4日，A公司（一般纳税人）购入原材料一批，收到增值税专用发票上不含税金额200 000元，税额26 000元，材料已验收入库，货款暂未支付。会计分录为：

借：原材料　　200 000

　　应交税费——应交增值税（进项税额）　　26 000

　　贷：应付账款　　226 000

2023年2月8日，发生退货，A公司已经在税控系统中开具红字增值税专用发票申请单，并上传，2月10日收到对方开来的红字发票，票面不含税金额10 000元，税额1 300元。会计分录为：

借：原材料　　[10 000]

　　贷：应付账款　　[11 300]

　　　　应交税费——应交增值税（进项税额转出）　　1 300

（2）采购等业务进项税额不得抵扣的账务处理

一般纳税人购进货物、加工修理修配劳务、服务、无形资产或不动产，用于简易计税方法计税项目、免征增值税项目、集体福利或个人消费等，其进项税额按照现行增值税制度规定不得从销项税额中抵扣的，取得增值税专用发票时：

借：相关成本费用或资产科目

　　应交税费——待认证进项税额

　　贷：银行存款/应付账款等

经税务机关认证后，

借：应交税费——应交增值税（进项税额）

　　贷：应交税费——待认证进项税额

进行进项税额转出时：

借：相关成本费用或资产科目

　　贷：应交税费——应交增值税（进项税额转出）

举个例子：

2023年1月12日，A公司（一般纳税人）食堂部门领用库存食用油一批，购入成本是 20 000 元，税额是 2600 元。会计分录为：

借：管理费用——员工福利　　22 600

　　贷：应付职工薪酬——员工福利　　22 600

借：应付职工薪酬——员工福利　　22 600

　　贷：库存商品——食用油　　20 000

　　　　应交税费——应交增值税——进项税额转出　　2 600

（3）小规模纳税人采购等业务的账务处理

从会计科目的设置也可以看出增值税的重要性。小规模纳税人业务相对简单，并且不涉及增值税进项税金的抵扣。围绕增值税而设置的会计科目并不需要和一般纳税人保持一致。

小规模纳税人“应交税费”会计科目明细科目的设置：

应交税费——应交增值税

　　　　——转让金融商品应交增值税

　　　　——代扣代交增值税

小规模纳税人购买物资、服务、无形资产或不动产，取得增值税专用发票上注明的增值税应计入相关成本费用或资产，不通过“应交税费——应交增值税”科目核算。

借：相关成本费用或资产科目

　　贷：银行存款 / 应付账款等

举个例子：

① 2023 年 1 月 13 日，B 公司（小规模纳税人）购入原材料一批，取得增值税专用发票，不含税金额 10 000 元，税额 1 300 元。货物已验收入库，款项暂未付。会计分录为：

借：库存商品（10 000+1 300）　　11 300

贷：银行存款（10 000+1 300）　　11 300

② 2023 年 1 月 16 日，该小规模纳税人又购入原材料，取得的增值税普通发票上注明的金额为 150 000 元，款已用银行存款付清，材料已验收入库，会计分录为：

借：原材料　　150 000

贷：银行存款　　150 000

2.3.7.2　销售业务

（1）销售业务的账务处理

企业销售货物、加工修理修配劳务、服务、无形资产或不动产。

借：应收账款 / 应收票据 / 银行存款

　　贷：主营业务收入 / 其他业务收入 / 固定资产清理 / 工程结算

　　　　应交税费——应交增值税（销项税额）/ 简易计税

（小规模纳税人应计入“应交税费——应交增值税”科目）

发生销售退回的，应根据按规定开具的红字增值税专用发票做相反的会计分录（或相同红字分录）。

举个例子：

① A公司（一般纳税人）2023年1月销售给C公司商品一批，并开出增值税专用发票，票面不含税金额100 000元，增值税13 000元。A公司会计分录为：

借：应收账款——C公司　　113 000

　　贷：主营业务收入　　100 000

　　　　应交税费——应交增值税（销项税额）　　13 000

② C公司财务发现A公司开出的发票有误，退回A公司重开。A公司会计分录为：

借：应收账款——C公司　　[113 000]

　　贷：主营业务收入　　[100 000]

　　　　应交税费——应交增值税（销项税额）　　[13 000]

A公司重新开具正常发票的账务处理同①。

（2）视同销售的账务处理

企业发生税法上视同销售的行为，应当按照企业会计准则制度相关规定进行相应的会计处理，并按照现行增值税制度规定计算销项税额（或采用简易计税方法计算应纳增值税额）。

借：应付职工薪酬 / 利润分配等

　　贷：应交税费——应交增值税（销项税额）/ 简易计税

（小规模纳税人应计入“应交税费——应交增值税”科目）

答会计问

问：货物用于捐赠如何进行账务处理？某服装公司2023年1月将自己生产的一批衣物（100件）捐赠给当地福利机构，市场价200元/套，成本价150元/套，如何进行账务处理？

答：对用于对外捐赠的货物，无论是自产还是外购的，在增值税上都要视同计提销项税，该业务会计上按成本转账，增值税上视同销售按市场价计算销项税额（200×100×13%），会计分录为：

借：营业外支出　　17 600

　　贷：库存商品　　15 000

　　　　应交税费——应交增值税——销项税额　　2 600

企业所得税年终进行汇算清缴时，要进行纳税调整，确定视同销售收入20 000元，视同销售成本15 000元，视同销售所得额5 000元。

2.3.7.3 出口退税业务

为核算纳税人出口货物应收取的出口退税款，设置“应收出口退税款”科目，该科目借方反映销售出口货物后，按规定向税务机关申报应退回的增值税、消费税等，贷方反映实际收到的出口货物应退回的增值税、消费税等。期末借方余额，反映尚未收到的应退税额。

未实行“免、抵、退”办法的一般纳税人出口货物按规定退税的，按规定计算应收出口退税额。

借：应收出口退税款

　　贷：应交税费——应交增值税（出口退税）

收到出口退税时：

借：银行存款

　　贷：应收出口退税款

退税额低于购进时取得的增值税专用发票上的增值税额的差额。

借：主营业务成本

　　贷：应交税费——应交增值税（进项税额转出）

实行“免、抵、退”办法的一般纳税人出口货物，在货物出口销售后结转产品销售成本时，按规定计算的退税额低于购进时取得的增值税专用发票上的增值税额的差额。

借：主营业务成本

　　贷：应交税费——应交增值税（进项税额转出）

按规定计算的当期出口货物的进项税抵减内销产品的应纳税额。

借：应交税费——应交增值税（出口抵减内销产品应纳税额）

　　贷：应交税费——应交增值税（出口退税）

在规定期限内，内销产品的应纳税额不足以抵减出口货物的进项税额，不足部分按有关税法规定给予退税的，应在实际收到退税款时，作如下会计分录。

借：银行存款

　　贷：应交税费——应交增值税（出口退税）

举个例子：

振华公司属于未实行“免、抵、退”办法的一般纳税人。2023 年 1 月，其相关业务会计分录为：

① 购进商品 1 130 000 元（含税），取得增值税专用发票：

借：库存商品	1000 000	
应交税费——应交增值税（进项税额）	130 000	
贷：银行存款		1 130 000

② 出口销售，实现收入 1 500 000 元：

借：银行存款	1 500 000	
贷：主营业务收入		1 500 000
借：主营业务成本	1 000 000	
贷：库存商品		1 000 000

③ 假设进项全额退税：

借：应收出口退税款	130 000	
贷：应交税费——应交增值税（出口退税）		130 000

假设只退回 11 万元，则：

借：应收出口退税款	110 000	
贷：应交税费——应交增值税（出口退税）		110 000
借：主营业务成本	20 000	

贷：应交税费——应交增值税（进行税额转出）　　　　20 000

2.3.7.4　代扣代缴业务

此处仅介绍购买方作为扣缴义务人的账务处理。

境内一般纳税人购进服务、无形资产或不动产。

借：生产成本 / 无形资产 / 固定资产 / 管理费用等科目

　　应交税费——进项税额（小规模纳税人应借记相关成本费用或资产科目）

　　贷：应付账款等科目

　　　　应交税费——代扣代交增值税

实际缴纳代扣代缴增值税时，按代扣代缴的增值税额，做如下会计分录。

借：应交税费——代扣代交增值税

　　贷：银行存款

举个例子：

振华公司 2023 年 1 月支付给境外某企业设计费 106 000 元人民币。当月振华公司在税务部门为该境外公司完成代扣代缴增值税事项，代扣代缴增值税 6 000 元。会计分录为：

借：管理费用——设计费　　　　100 000

　　应交税费——应交增值税（进项税额）　　　　6 000

　　贷：银行存款　　　　100 000

　　应交税费——代扣代缴增值税　　　　6 000

振华公司完成代扣代缴税金后，会计分录为：

借：应交税费——代扣代交增值税　　　　6 000

　　贷：银行存款　　　　6 000

2.3.7.5　计提缴纳业务

月度终了，企业应当将当月应交未交或多交的增值税自“应交增值税”明细科目转入“未交增值税”明细科目。

对于当月应交未交的增值税。

借：应交税费——应交增值税（转出未交增值税）

贷：应交税费——未交增值税

对于当月多交的增值税。

借：应交税费——未交增值税

贷：应交税费——应交增值税（转出多交增值税）

举个例子：

A公司2023年1月的销项税为82 715.91元，进项税为60 887.10元，月末计算当月应交增值税：销项税－进项税＝82 715.91−60 887.10＝21 828.81（元）

会计分录为：

借：应交税费——应交增值税（转出未交增值税）　　21 828.81

贷：应交税费——未交增值税　　21 828.81

企业缴纳当月应交的增值税：

借：应交税费——应交增值税（已交税金）（小规模纳税人应借记“应交税费——应交增值税”）

贷：银行存款

企业缴纳以前期间未交的增值税：

借：应交税费——未交增值税

贷：银行存款

企业预交增值税时：

借：应交税费——预交增值税

贷：银行存款

月末，企业应将“预交增值税”明细科目余额转入“未交增值税”明细科目：

借：应交税费——未交增值税

贷：应交税费——预交增值税

房地产开发企业等在预交增值税后，应直至纳税义务发生时方可从“应交税费——预交增值税”科目结转至“应交税费——未交增值税”科目。

举个例子：

A公司2023年2月申报并缴纳1月应交的增值税21 828.81元。

会计分录为：

借：应交税费——未交增值税　　21 828.81

　　贷：银行存款　　21 828.81

2.3.7.6　其他业务

（1）小规模纳税人开具普通发票

对于小规模纳税人开具普通发票免税的情况，把免征的增值税计入收入。

借：应收账款等

　　贷：主营业务收入

举个例子：

B公司（小规模纳税人）按季度申报缴纳增值税，2023年第1季度的销售额为280 000元，会计分录为：

借：应收账款　　8 400

　　贷：主营业务收入　　8 400

（2）购买税控系统或缴纳系统维护费

企业初次购买增值税税控系统专用设备支付的费用以及缴纳的技术维护费允许在增值税应纳税额中全额抵减的，按规定抵减的增值税应纳税额，会计分录如下。

借：应交税费——应交增值税（减免税款）（小规模纳税人应借记“应交税费——应交增值税”科目）

　　贷：管理费用等

举个例子：

2023年2月，抵减上月购买的金税盘470元，会计分录为：

借：应交税费——应交增值税（减免税额）　　470

　　贷：管理费用——办公费　　470

或者（财务软件中常用）：

借：应交税费——应交增值税（减免税额）　　470

借：管理费用——办公费　　470

2.4 增值税的征收管理及税收优惠

2.4.1 增值税的征收管理

（1）纳税地点

① 固定业户

a. 固定业户应当向其机构所在地的税务机关申报纳税。

b. 固定业户到外县（市）销售货物或者劳务，应当向其机构所在地的税务机关报告外出经营事项，并向其机构所在地的税务机关申报纳税；未报告的，应当向销售地或者劳务发生地的税务机关申报纳税；未向销售地或者劳务发生地的税务机关申报纳税的，由其机构所在地的税务机关补征税款。

② 非固定业户销售货物或者劳务，应当向销售地或者劳务发生地的税务机关申报纳税；未向销售地或者劳务发生地的税务机关申报纳税的，由其机构所在地或者居住地的税务机关补征税款。

③ 其他个人提供建筑服务、销售或者租赁不动产、转让自然资源使用权，应向建筑服务发生地、不动产所在地、自然资源所在地的税务机关申报纳税。

④ 进口货物，应当向报关地海关申报纳税。

⑤ 扣缴义务人应当向其机构所在地或者居住地的税务机关申报缴纳其应扣缴的税款。

（2）纳税期限

① 增值税的纳税期限分别为 1 日、3 日、5 日、10 日、15 日、1 个月或者 1 个季度。

② 以 1 个季度为纳税期限的规定适用于小规模纳税人、银行、财务公司、信托投资公司、信用社（不包括保险公司），以及财政部和国家税务总局规定的其他纳税人。

③ 纳税人以 1 个月或者 1 个季度为 1 个纳税期的，自期满之日起 15 日内申报纳税。

④ 以 1 日、3 日、5 日、10 日或者 15 日为 1 个纳税期的，自期满之日起 5 日内预缴税款，于次月 1 日起 15 日内申报纳税并结清上月应纳税款。

2.4.2 增值税的税收优惠

2.4.2.1 《增值税暂行条例》及其实施细则规定的免税项目

① 农业生产者销售的自产农产品。

② 避孕药品和用具。

③ 古旧图书。

④ 直接用于科学研究、科学试验和教学的进口仪器、设备。

⑤ 外国政府、国际组织无偿援助的进口物资和设备。

⑥ 由残疾人的组织直接进口供残疾人专用的物品。

⑦ 其他个人销售的自己使用过的物品。

2.4.2.2 “营改增”相关的主要免税项目

① 托儿所、幼儿园提供的保育和教育服务。

② 养老机构提供的养老服务。

③ 残疾人福利机构提供的育养服务。

④ 婚姻介绍服务。

⑤ 殡葬服务。

⑥ 残疾人员本人为社会提供的服务。

⑦ 医疗机构提供的医疗服务。

⑧ 从事学历教育的学校（不包括职业培训机构）提供的教育服务。

⑨ 学生勤工俭学提供的服务。

⑩ 农业机耕、排灌、病虫害防治、植物保护、农牧保险以及相关技术培训业务，家禽、牲畜、水生动物的配种和疾病防治。

⑪ 纪念馆、博物馆、文化馆、文物保护单位管理机构、美术馆、展览馆、书画院、图书馆在自己的场所提供文化体育服务取得的第一道门票收入。

⑫ 寺院、宫观、清真寺和教堂举办文化、宗教活动的门票收入。

⑬ 行政单位之外的其他单位收取的符合规定的政府性基金和行政事业性收费。

⑭ 个人转让著作权。

⑮ 个人销售自建自用住房。

⑯ 金融同业往来利息收入。

⑰ 纳税人提供技术转让、技术开发和与之相关的技术咨询、技术服务。

⑱ 政府举办的从事学历教育的高等、中等和初等学校（不含下属单位），举办进修班、培训班取得的全部归该学校所有的收入。

⑲ 家政服务企业由员工制家政服务员提供家政服务取得的收入。

⑳ 福利彩票、体育彩票的发行收入。

㉑ 将土地使用权转让给农业生产者用于农业生产。

㉒ 涉及家庭财产分割的个人无偿转让不动产、土地使用权。

㉓ 土地所有者出让土地使用权和土地使用者将土地使用权归还给土地所有者。

㉔ 提供社区养老、托育、家政等服务取得的收入。

2.4.2.3 扣减增值税

（1）退役士兵创业就业

① 退役士兵从事个体经营。自2023年1月1日至2027年12月31日，自主就业退役士兵从事个体经营的，自办理个体工商户登记当月起，在3年（36个月，下同）内按每户每年24000元为限额依次扣减其当年实际应缴纳的增值税、城市维护建设税、教育费附加、地方教育附加和个人所得税。

② 企业招用自主就业退役士兵。自2023年1月1日至2027年12月31日，企业招用自主就业退役士兵，与其签订1年以上期限劳动合同并依法缴纳社会保险费的，自签订劳动合同并缴纳社会保险当月起，在3年内按实际招用人数予以定额依次扣减增值税、城市维护建设税、教育费附加、地方教育附加和企业所得税优惠。定额标准为每人每年9000元。

（2）重点人群创业就业

① 重点人群从事个体经营。自2023年1月1日至2027年12月31日，脱贫人口（含防止返贫监测对象，下同）、持《就业创业证》（注明“自主创业税收政策”或“毕业年度内自主创业税收政策”）或《就业失业登记证》（注明“自主创业税收政策”）的人员，从事个体经营的，自办理个体工商户登记当月起，在3年（36个月，下同）内按每户每年20000元为限额依次扣减其当年实际应缴纳的增值税、城市维护建设税、教育费附加、地方教育附加和个人所得税。限额标准最高可上浮20%，各省、自治区、直辖市人民政府可根据本地区实际情况在此幅度内确定具体限额标准。

纳税人年度应缴纳税款小于上述扣减限额的，减免税额以其实际缴纳的税款为限；大于上述扣减限额的，以上述扣减限额为限。

② 企业招用重点人群。自 2023 年 1 月 1 日至 2027 年 12 月 31 日，企业招用脱贫人口，以及在人力资源社会保障部门公共就业服务机构登记失业半年以上且持《就业创业证》或《就业失业登记证》（注明“企业吸纳税收政策”）的人员，与其签订 1 年以上期限劳动合同并依法缴纳社会保险费的，自签订劳动合同并缴纳社会保险当月起，在 3 年内按实际招用人数予以定额依次扣减增值税、城市维护建设税、教育费附加、地方教育附加和企业所得税优惠。定额标准为每人每年 6000 元，最高可上浮 30%，各省、自治区、直辖市人民政府可根据本地区实际情况在此幅度内确定具体定额标准。城市维护建设税、教育费附加、地方教育附加的计税依据是享受本项税收优惠政策前的增值税应纳税额。按上述标准计算的税收扣减额应在企业当年实际应缴纳的增值税、城市维护建设税、教育费附加、地方教育附加和企业所得税税额中扣减，当年扣减不完的，不得结转下年使用。

2.4.2.4 零税率

（1）纳税人出口货物，适用增值税零税率，但国务院另有规定的除外

（2）中华人民共和国境内的单位和个人销售的下列服务和无形资产，适用增值税零税率

① 国际运输服务。

② 航天运输服务。

③ 向境外单位提供的完全在境外消费的下列服务：

a. 研发服务。

b. 合同能源管理服务。

c. 设计服务。

d. 广播影视节目（作品）的制作和发行服务。

e. 软件服务。

f. 电路设计及测试服务。

g. 信息系统服务。

h. 业务流程管理服务。

i. 离岸服务外包业务。

j. 转让技术。

④ 国务院规定的其他服务。

2.4.2.5 税收优惠有关的管理规定

① 纳税人兼营免税、减税项目的，应当分别核算免税、减税项目的销售额；未分别核算销售额的，不得免税、减税。

② 纳税人发生应税行为适用免税规定的，可以放弃免税，依照有关规定缴纳增值税；纳税人放弃免税后，36 个月内不得再申请免税。

2.5 会计现场

实际工作中我们应该如何操作呢？一起走进“会计现场”来巩固一下以上所学的知识吧。

2.5.1 小规模纳税人的增值税业务

情景：前同事开了家小规模公司，鱼姐答应帮忙，带文员小蔡做账。

人物：鱼姐、开心（鱼姐前同事）、小蔡（文员）。

鱼姐接到了几年前在 M 公司的同事开心的电话，“鱼姐，干吗呢，你有认识要找工作的会计吗？我这里需要一名总账会计。”

原来开心已经自己开了家小商店，正需要一名会计。

开心：“帮我留意一下，需要经验丰富的会计。”

鱼姐：“我经验丰富啊，要不我兼职做会计，正好我晚上有时间。”

开心：“那就最好不过了，晚上我开车去接你。”

开心的公司是小规模纳税人，业务不多，而且刚招了个文员整理票据，主要是那个文员不懂财务，所以鱼姐答应了在没招到会计前帮开心的忙。

鱼姐去了开心的公司，根据小蔡（文员）整理的票据，开始做凭证，1 月份所有的营业单据汇成了一张凭证。

借：库存现金　　60 000

　　贷：主营业务收入　　60 000

小蔡：“怎么没有‘应交税费’？”

鱼姐：“从 2022 年 4 月 1 日起，增值税小规模纳税人在一定条件下开具普通发票免增值税。”

小蔡照着填写 2、3 月的凭证。

鱼姐：“开心姐，小蔡会做账了呀。”

开心：“嗯，她正在学会计呢，今年要参加初级职称考试了。不过实操这方面还得您多指教才是啊。”

2.5.2 申请一般纳税人业务

情景：鱼姐刚登录微信就收到了菜菜的留言，问有关一般纳税人的申办流程。

人物：鱼姐、菜菜（会计群群友）。

菜菜：“鱼姐，我们公司要申请增值税一般纳税人，需要准备一些什么资料呢？”

鱼姐：“直接在电子税务局上申请就可以了。”

菜菜：“你有时间教我吗？我刚来这家公司老板就要弄这个一般纳税人，以前的会计没弄完就辞职了。”

鱼姐：“你打开电子税务局里的‘待办事项’，看下以前会计弄了多少了。”

菜菜：“我点开了，啥都没有呀。”

鱼姐：“看来是没开始弄，或者你问下税务局管理所老师。”

菜菜：“明天我问下。另外鱼姐现在有时间的话给我讲下申办的流程吧，免得到时候找不到你。”

鱼姐：“你分别点开‘系统功能—综合信息报告—资格信息报告—增值税一般纳税人登记’，就打开了增值税一般纳税人登记表，然后根据要求填写，填写好后打印，盖公章。最后上传营业执照和盖好公章的一般纳税人登记表。”

菜菜：“然后呢？”

鱼姐：“然后就等着税务局审批，你在办税进度里可以查询。审批通过后会有一张《税务事项通知书》。”

菜菜：“大概明白了，到时候登记表的填写有问题再请教您。”

鱼姐：“你也可以打 12366 热线咨询的，他们比姐专业。”

菜菜：“谢谢鱼姐。”

国家税务总局合浦县税务局

税务事项通知书

合税通［2022］XXX 号

广西 ×× 公司（纳税人识别号：91450521XXXXXXXXXX）：

事由：《纳税事项通知书》（登记通知）

依据：《增值税一般纳税人登记管理办法》（国家税务总局令第 43 号）

通知内容：你单位于 2022 年 09 月 23 日提出的增值税一般纳税人登记申请收悉，予以登记。增值税一般纳税人资格自 2022 年 10 月起生效。

税务机关（签章）

2022 年 09 月 23 日

2.5.3　一般纳税人销售产品业务

情景：鱼姐会计群里正在讨论销售产品的流程。

人物：鱼姐、明月、宁静（会计群群友）。

明月：“我们公司销售产品的流程是这样的：由销售文员开具发货单，然后财务审核后盖章，仓库发放，门卫放行，客户收货或验收后签收发货单返还财务，然后与客户对账确认开票后，交由会计开具发票。专用发票的发票联和抵扣联是给客户的，会计就以发货单和专用发票的记账联为附件做账务处理。”

宁静：“我们跟宏发公司对好账了，下午要把发票寄出去了。我是不是根据这张发货单（如图 2.1 所示）开具发票？”

×××× 机器有限公司发货单

发货时间	2023/01/05	合同编号	2023-01		发货单号	202301052××××
购货单位	名称	宏发水产公司			联系人	陈 ××
	地址	广西北海市某工业园 888 号			联系电话	0779-7654321
序号	产品名称	型号	数量	单位	不含税单价	总金额
1	清洗机		台	1	￥100 000.00	￥100 000.00
2						
3						
4						

序号	产品名称	型号	数量	单位	不含税单价	总金额
5						
合计						￥100 000.00
发票说明		增值税专用发票				
结算方式		转账支票				
销货单位	名称	××××机器有限公司			联系人	张××
	地址	广西北海市某产业园666号			联系电话	0779-3456789
审核：蓝天　财务：宁静　制表：张××　收货单位及验收人（签章）：陈××						
签收日期：2023/01/04						

图2.1　发货单

鱼姐：“是的，发货单上是不含税单价，要注意。”

宁静：“我们是万元版的发票，是不是要开11张？”

鱼姐：“10张刚刚好。万元版的每张金额小于等于10万就可以了。不过建议申请十万元版的，开一张就完事了。”

开好的发票内容如图2.2所示。

货物或应税劳务名称	规格型号	单位	数量	单价	金额	税率	税额
*农产品加工设备*清洗机		台	0.1	100 000.00	10 000.00	13%	1 300.00
合　计					￥10 000.00		￥1 300.00
价税合计（大写）	⊗壹万壹仟叁佰元整				（小写）	￥11 300.00	

图2.2　增值税专用发票（部分）

宁静：“怎么做账务处理？”

明月：“借方科目应收账款，贷方科目是主营业务收入、应交税费。”

2.5.4　一般纳税人采购产品业务

情景：关于采购发票的会计处理，宁静在群里提问。

人物：鱼姐、宁静（会计群群友）。

宁静：“大家采购收到发票时的流程是什么样的？”

鱼姐：“收到采购时增值税发票时，先由采购员交由仓库进行入库签收，由仓库开具入库单。会计进行发票审核。”

宁静：“我在会上也这么提出来的，可是采购部长说‘人管不了人，毕竟自觉的不多，谁也不愿意改变现状，要不你还是弄一下制度，规范一下流程吧，毕竟散会了大家也忘了。’鱼姐，有采购制度吗？”

鱼姐在她的百宝箱里又掏出了一份采购制度，群友又是一番膜拜。

宁静：“还好仓库管理员是新招来的，做事小心翼翼。这次是跟采购员一起上来，就怕入库单写错了。根据增值税专用发票（如图 2.3 所示）写的入库单（如图 2.4 所示）是这样的吗？”

货物或应税劳务名称	规格型号	单位	数量	单价	金额	税率	税额
*金属制品*滚刀	M0.4	把	5	2 000.00	10 000.00	13%	1 300.00
*金属制品*钻头	OSG EX-GDS4.3	支	20	60.00	1 200.00	13%	156.00
合　计					¥11 200.00		¥1 456.00
价税合计（大写）	⊗壹万贰仟陆佰伍拾陆元整				（小写）	¥12 656.00	

图 2.3　增值税专用发票（部分）

入库单

供应商名称：×× 工具厂　　　　2023 年 1 月 17 日　　　　NO.000234

品名	规格	单位	数量	单价（不含税）	金额（不含税）	备注
滚刀	M0.4	把	5	2 000.00	10 000.00	票到
钻头	OSG EX-GDS4.3	支	20	60.00	1200.00	票到
合 计					11 200.00	

进货员：秦某　　　　仓管员：王某

图 2.4　入库单

鱼姐：“是这样写的，入库是按专用发票上的不含税金额填，如果收到的是普通发票，是按价税合计的金额填。”

宁静：“哦。那会计分录怎么写？”

鱼姐：“这要看你们公司购入这些东西是干吗用的，直接销售？工具？”

宁静：“工具。”

鱼姐：“记入‘周转材料’。然后你从账上查一下公司以前预付过款没有？或者是以前是否有过挂账？”

宁静：“稍等……查不到这个科目，出纳说了款没付。”

鱼姐：“那记入‘应付账款’就可以了。会计分录为：

借：周转材料　　　　　　　　　　　　11 200

应交税费——应交增值税（进项税额）　　　　　　　1 456

贷：应付账款　　　　　　　　　　　　　　　　　　　12 656”

宁静：“好的，谢谢鱼姐。”

2.5.5　一般纳税人增值税的计提业务

情景：鱼姐在群里教西米计提增值税。

人物：鱼姐、西米、无极、梨子（会计群群友）。

月末，会计都很忙。

西米：“鱼姐，月底大家在忙啥呀？”

鱼姐：“税务会计要核对当月的销项、进项、进项转出等信息，使账实相符。比如说开具的发票纸质的作废了，系统作废了没；账上入了进项税额的，是否已经进行了勾选等等。然后通过‘销项－进项＋进项转出－上月留抵－当月已交’公式算出当月应交未交的增值税。”

西米：“怎样编制增值税计算表呢？”

鱼姐：“增值税计算表是自己编制的，然后根据实际数据填写就行了。”

鱼姐发了一个空白的增值税计算表到群里。

……

西米：“我填好了，鱼姐有空帮我看一下填得对吗？”

鱼姐：“把你 1 月开票系统里的开票数据、勾选数据私信我。”

西米把编制好的增值税计算表（如表 2-2 所示）私信发给了鱼姐。

表 2-2　增值税计算表（2023 年 1 月）　　单位：元

项目	本月金额	累计金额
主营业务收入	1 519 720.96	1 519 720.96
税率	13%	13%
销项税额	197 563.73	197 563.73
其他业务收入	42 562.34	42 562.34
税率	5%	5%
销项税额	2 128.12	2 128.12
销项税额合计	199 691.85	199 691.85

续表

项目	本月金额	累计金额
进项税额	179 829.25	179 829.25
进项转出	430.68	430.68
上月留抵		
应纳税额	20 293.28	20 293.28
期末留抵税额	—	—

西米："根据这张增值税计算表做分录就可以了？分录怎么写？"

鱼姐："对，用增值税计算表做附件。会计分录的编写依据会计准则。没事的时候多看看准则。"

借：应交税费——应交增值税——转出未交增值税　　20 293.28

　贷：应交税费——未交增值税　　20 293.28

西米按照这个分录录进了软件后发现，应交税费各明细的余额好大。

西米："鱼姐，这个余额怎么这么大？"

无极："我们月末计提未交增值税没这么做，没用到'转出未交增值税'这个明细，相当于把'应交税费——应交增值税'的三级明细结平了。

借：应交税费——应交增值税——销项税额……本月发生额

　贷：应交税费——应交增值税——进项税额……本月发生额

　　应交税费——未交增值税……本月销项－进项"

梨子："我的跟西米的一样，不过我是手工账，年初建账时没把余额过上去，除非有留抵的，未交的，销项进项那些我年初余额是0。"

鱼姐："我微博上有分享过，可以年底的时候做一笔分录，把该平的余额平掉。"

西米："鱼姐跟我们详细讲讲。"

鱼姐："年末需要根据情况，根据'应交税费——应交增值税'的三级明细的本年发生额（'应交税费——应交增值税——进项税额'根据本年发生额减去年末留抵进项来结转）进行账务处理以结平'应交税费——应交增值税'的三级明细科目，会计分录为：

借：应交税费——应交增值税——销项税额

　应交税费——应交增值税——进项税额转出

应交税费——应交增值税——转出多交增值税

应交税费——应交增值税——出口退税

贷：应交税费——应交增值税——进项税额

应交税费——应交增值税——已交税额

应交税费——应交增值税——转出未交增值税

应交税费——应交增值税——出口抵减内销产品应纳税额

年末：除‘应交税费——应交增值税——进项税额’有可能有数据（等于12月增值税申报表主表的期末留抵额行数据），其他三级明细账都结平的。

次年年初：除‘应交税费——应交增值税——进项税额’有可能有数据（等于1月增值税申报表主表的上期留抵额行数据），其他三级明细账余额都为零。

[例]12月末应交增值税各栏的本年累计余额如下：

销项税额——贷方余额100万

进项税额转出——贷方余额20万

进项税额——借方余额120万

转出未交增值税——借方余额40万

总余额为留抵40万

那么，在12月末做如下抵冲分录（与平时业务处理的借贷方向相反）：

借：应交税费——应交增值税——销项税额　　1 000 000

应交税费——应交增值税——进项税额转出　　200 000

贷：应交税费——应交增值税——进项税额　　800 000

（进项120万减去留抵40万）

应交税费——应交增值税——转出未交增值税　　400 000

最后结转到下一年有余额的科目只有进项税额借方余额40万（也就是留抵，留到下期抵扣）

[例]12月末应交增值税各栏的本年累计余额如下：

销项税额——贷方余额100万

进项税额转出——贷方余额20万

进项税额——借方余额 80 万

转出未交增值税——借方余额 40 万

那么，在 12 月末做如下抵冲分录（与平时业务处理的借贷方向相反）:

借：应交税费——应交增值税——销项税额　　　　　　100 万

　　应交税费——应交增值税——进项税额转出　　　　　20 万

　　贷：应交税费——应交增值税——进项税额　　　　　　80 万

　　　　应交税费——应交增值税——转出未交增值税　　　　40 万

最后结转到下一年全部没有余额。”

“群主威武！群主好厉害！”群里又一次被众群友的膜拜刷屏了。

2.5.6　一般纳税人增值税的申报业务

情景：鱼姐继续在会计群里解答西米的疑问。

人物：鱼姐、西米（会计群群友）。

西米：“鱼姐，增值税申报表怎么填啊？”

鱼姐把增值税申报表填写说明发到了群里。

鱼姐：“你打开电子税务局，增值税申报表包括主表和几个附表，先点击申报表上方的‘查看—表集成数据’，并确认自动带出的发票数据无误，即可确认附表，带星号的附表保存完毕后，即可生成主表。因为有四舍五入，所以我们需要比对一下数据，有角分的误差就手动更正。”

西米表示疑问。

鱼姐：“不难，操作一遍就会了。不急的话周末约个时间，姐手把手教你。”

鱼姐：“税务会计不单是填申报表就行了，还需要计算一下税负率。税负率是指增值税纳税义务人当期应纳增值税占当期应税销售收入的比例。对小规模纳税人来说，税负率就是征收率 3%，而对一般纳税人来说，由于可以抵扣进项税额，税负率就不是 13% 或 9%，而是远远低于该比例。

增值税税负率 = 实际缴纳增值税税额 / 不含税的实际销售收入 ×100%

此外企业所得税也有税负率一说。企业所得税税负率计算如下：

企业所得税税负率 = 应纳所得税额 ÷ 应纳税销售额（应税销售收入）×100%。

税负率主要看年累计的，每个行业都有行业增值税税负率的，如果企业的税负率与同行业相差太大，税务局就会重点监控或稽查，所以税务会计经常要自查本企业税负率情况。”

西米：“我还是从基础工作做起吧，对我而言连申报表怎么填都一头雾水。鱼姐现在有空教我填吗？”

鱼姐：“你先把数据列出来。”

西米列出填报信息：销售收入 1 519 720.96 元，应纳销项税 197 563.73 元，均开具增值税专用发票；租金收入 42 562.34 元，应纳税额 2 128.12 元，不开发票；勾选并抵扣发票 16 份，金额 1 383 301.92 元，税额 179 829.25 元；进项税转出 430.68 元；月初未缴税 22 584.32 元；本期缴税 20 293.28 元。

鱼姐：“填写步骤如下。

销售收入 1 519 720.96 元，应纳销项税 197 563.73 元，均开具增值税专用发票：

填写主表的 1 栏、2 栏、11 栏；

填写附表 1 第 1 行，第 1 列、第 2 列。

租金收入 42 562.34 元，应纳税 2 128.12 元，不开发票：

填写主表第 5 栏、21 栏；

附表 1 第 9b 行第 5 列、6 列；

租金收入 42 562.34 元，应纳税额 2 128.12 元，合计数计入附表 3 的第 5 行。

认证并抵扣发票 16 份，金额 1 383 301.92 元，税额 179 829.25 元；进项税转出 430.68 元：

税额、进项税转出填写主表第 12 栏、14 栏；

附表 2 第 1 栏、2 栏、17 栏。

月初未缴税 22 584.32 元，本期缴税 20 293.28 元：

分别填写主表的第 25 栏、第 30 栏。”

……

西米：“填完了，鱼姐帮看一下我填的对吗？”（填好的申报表如表 2-3 ～表 2-6 所示）

表 2-3　增值税纳税申报表（主表）

（一般纳税人适用）

根据国家税收法律法规及增值税相关规定制定本表。纳税人不论有无销售额，均应按税务机关核定的纳税期限填写本表，并向当地税务机关申报。

税款所属时间：自 2023 年 1 月 1 日至 2023 年 1 月 31 日　　填表日期：2023 年 2 月 1 日　　金额单位：元

<table>
<tr><td>纳税人识别号</td><td colspan="3">91450500987××××××</td><td colspan="4">所属行业：商业</td></tr>
<tr><td>纳税人名称</td><td>××× 商贸公司（公章）</td><td>法定代表人姓名</td><td>金某</td><td>注册地址</td><td>北海大道 888 号</td><td>生产经营地址</td><td>北海大道 888 号</td></tr>
<tr><td>开户银行及账号</td><td>中国农业银行广西北海市某支行 20717601040××××××</td><td>登记注册类型</td><td colspan="3">私营有限公司</td><td>电话号码</td><td>0779-×××××××</td></tr>
</table>

<table>
<tr><td colspan="2" rowspan="2">项目</td><td rowspan="2">栏次</td><td colspan="2">一般项目</td><td colspan="2">即征即退项目</td></tr>
<tr><td>本月数</td><td>本年累计</td><td>本月数</td><td>本年累计</td></tr>
<tr><td rowspan="10">销售额</td><td>（一）按适用税率计税销售额</td><td>1</td><td>1 519 720.96</td><td>1 519 720.96</td><td></td><td></td></tr>
<tr><td>其中：应税货物销售额</td><td>2</td><td>1 519 720.96</td><td></td><td></td><td></td></tr>
<tr><td>应税劳务销售额</td><td>3</td><td></td><td></td><td></td><td></td></tr>
<tr><td>纳税检查调整的销售额</td><td>4</td><td></td><td></td><td></td><td></td></tr>
<tr><td>（二）按简易办法计税销售额</td><td>5</td><td>42 562.34</td><td>42 562.34</td><td></td><td></td></tr>
<tr><td>其中：纳税检查调整的销售额</td><td>6</td><td></td><td></td><td></td><td></td></tr>
<tr><td>（三）免、抵、退办法出口销售额</td><td>7</td><td></td><td></td><td>—</td><td>—</td></tr>
<tr><td>（四）免税销售额</td><td>8</td><td></td><td></td><td>—</td><td>—</td></tr>
<tr><td>其中：免税货物销售额</td><td>9</td><td></td><td></td><td>—</td><td>—</td></tr>
<tr><td>免税劳务销售额</td><td>10</td><td></td><td></td><td>—</td><td>—</td></tr>
<tr><td rowspan="12">税款计算</td><td>销项税额</td><td>11</td><td>197 563.73</td><td>197 563.73</td><td></td><td></td></tr>
<tr><td>进项税额</td><td>12</td><td>179 829.25</td><td>179 829.25</td><td></td><td></td></tr>
<tr><td>上期留抵税额</td><td>13</td><td></td><td></td><td></td><td>—</td></tr>
<tr><td>进项税额转出</td><td>14</td><td>430.68</td><td>430.68</td><td></td><td></td></tr>
<tr><td>免、抵、退应退税额</td><td>15</td><td></td><td></td><td>—</td><td>—</td></tr>
<tr><td>按适用税率计算的纳税检查应补缴税额</td><td>16</td><td></td><td></td><td>—</td><td>—</td></tr>
<tr><td>应抵扣税额合计</td><td>17=12+13−14−15+16</td><td>179 398.57</td><td>—</td><td></td><td>—</td></tr>
<tr><td>实际抵扣税额</td><td>18（如 17＜11，则为 17，否则为 11）</td><td>179 398.57</td><td></td><td></td><td></td></tr>
<tr><td>应纳税额</td><td>19=11−18</td><td>18 165.16</td><td>18 165.16</td><td></td><td></td></tr>
<tr><td>期末留抵税额</td><td>20=17−18</td><td></td><td></td><td></td><td>—</td></tr>
<tr><td>简易计税办法计算的应纳税额</td><td>21</td><td>2 128.12</td><td>2 128.12</td><td></td><td></td></tr>
<tr><td>按简易计税办法计算的纳税检查应补缴税额</td><td>22</td><td></td><td></td><td>—</td><td>—</td></tr>
</table>

续表

	项目	栏次	一般项目		即征即退项目	
			本月数	本年累计	本月数	本年累计
税款计算	应纳税额减征额	23				
	应纳税额合计	24=19+21−23	20 293.28	20 293.28		
税款缴纳	期初未缴税额（多缴为负数）	25	22 584.32			
	实收出口开具专用缴款书退税额	26			—	—
	本期已缴税额	27=28+29+30+31	22 584.32	22 584.32		
	①分次预缴税额	28		—		—
	②出口开具专用缴款书预缴税额	29		—	—	—
	③本期缴纳上期应纳税额	30	20 293.28	20 293.28		
	④本期缴纳欠缴税额	31				
	期末未缴税额（多缴为负数）	32=24+25+26−27	20 293.28	20 293.28		
	其中：欠缴税额（≥0）	33=25+26−27		—		—
	本期应补（退）税额	34=24−28−29	20 293.28	—		—
	即征即退实际退税额	35	—	—		
	期初未缴查补税额	36			—	—
	本期入库查补税额	37			—	—
	期末未缴查补税额	38=16+22+36−37			—	—
附加税费	城市维护建设税本期应补（退）税额	39	710.26		—	—
	教育费附加本期应补（退）费额	40	304.40		—	—
	地方教育附加本期应补（退）费额	41	202.93		—	—

声明：此表是根据国家税收法律法规及相关规定填写的，本人（单位）对填报内容（及附带资料）的真实性、可靠性、完整性负责。

纳税人（签章）：　　　　年　月　日

经办人： 经办人身份证号： 代理机构签章： 代理机构统一社会信用代码：	受理人： 受理税务机关（章）：　　受理日期：　　年　月　日

表 2-4　增值税纳税申报表附列资料（一）（附表 1）

（本期销售情况明细）

税款所属时间：自 2023 年 1 月 1 日至 2023 年 1 月 31 日

纳税人名称：××× 商贸公司（公章）　　金额单位：元

项目及栏次				开具增值税专用发票		开具其他发票		未开具发票		纳税检查调整		合计			服务、不动产和无形资产扣除项目本期实际扣除金额	扣除后	
				销售额	销项（应纳）税额	销售额	销项（应纳）税额	销售额	销项（应纳）税额	销售额	销项（应纳）税额	销售额	销项（应纳）税额	价税合计		含税（免税）销售额	销项（应纳）税额
				1	2	3	4	5	6	7	8	9=1+3+5+7	10=2+4+6+8	11=9+10	12	13=11−12	14=13÷（100%+税率或征收率）×税率或征收率
一、一般计税方法计税	全部征税项目	13% 税率的货物及加工修理修配劳务	1	1 519 720.96	197 563.73							1 519 720.96	197 563.73	—	—	—	—
		13% 税率的服务、不动产和无形资产	2														
		9% 税率的货物及加工修理修配劳务	3											—	—	—	—
		9% 税率的服务、不动产和无形资产	4														
		6% 税率	5														
	其中：即征即退项目	即征即退货物及加工修理修配劳务	6	—	—	—	—	—	—	—	—			—	—	—	—
		即征即退服务、不动产和无形资产	7	—	—	—	—	—	—	—	—			—	—	—	—
二、简易计税方法计税	全部征税项目	6% 征收率	8							—	—			—	—	—	—
		5% 征收率的货物及加工修理修配劳务	9a							—	—			—	—	—	—

续表

项目及栏次				开具增值税专用发票		开具其他发票		未开具发票		纳税检查调整		合计			服务、不动产和无形资产扣除项目本期实际扣除金额	扣除后	
				销售额	销项（应纳）税额	销售额	销项（应纳）税额	销售额	销项（应纳）税额	销售额	销项（应纳）税额	销售额	销项（应纳）税额	价税合计		含税（免税）销售额	销项（应纳）税额
				1	2	3	4	5	6	7	8	9=1+3+5+7	10=2+4+6+8	11=9+10	12	13=11−12	14=13÷（100%+税率或征收率）×税率或征收率
二、简易计税方法计税	全部征税项目	5%征收率的服务、不动产和无形资产	9b					42 562.34	2 128.12	—	—	42 562.34	2 128.12	44 690.46		44 690.46	2 128.12
		4%征收率	10							—	—			—	—	—	—
		3%征收率的货物及加工修理修配劳务	11							—	—			—	—	—	—
		3%征收率的服务、不动产和无形资产	12							—	—						
		预征率 %	13a							—	—						
		预征率 %	13b							—	—						
		预征率 %	13c							—	—						
	其中：即征即退项目	即征即退货物及加工修理修配劳务	14	—	—	—	—	—	—	—	—			—	—	—	—
		即征即退服务、不动产和无形资产	15	—	—	—	—	—	—	—	—						
三、免抵退税	货物及加工修理修配劳务		16	—	—		—		—	—	—		—	—	—	—	—
	服务、不动产和无形资产		17	—	—		—		—	—	—		—				—
四、免税	货物及加工修理修配劳务		18				—		—	—	—		—	—	—	—	—
	服务、不动产和无形资产		19	—	—		—		—	—	—		—				—

表 2-5　增值税纳税申报表附列资料（二）（附表 2）

（本期进项税额明细）

税款所属时间：自 2023 年 1 月 1 日至 2023 年 1 月 31 日

纳税人名称：××× 商贸公司（公章）　　　　金额单位：元

一、申报抵扣的进项税额				
项目	栏次	份数	金额	税额
（一）认证相符的增值税专用发票	1=2+3	16	1 383 301.92	179 829.25
其中：本期认证相符且本期申报抵扣	2	16	1 383 301.92	179 829.25
前期认证相符且本期申报抵扣	3			
（二）其他扣税凭证	4=5+6+7+8a+8b			
其中：海关进口增值税专用缴款书	5			
农产品收购发票或者销售发票	6			
代扣代缴税收缴款凭证	7		—	
加计扣除农产品进项税额	8a	—	—	
其他	8b			
（三）本期用于购建不动产的扣税凭证	9			
（四）本期用于抵扣的旅客运输服务扣税凭证	10			
（五）外贸企业进项税额抵扣证明	11	—	—	
当期申报抵扣进项税额合计	12=1+4+11			

二、进项税额转出额		
项目	栏次	税额
本期进项税额转出额	13=14 至 23 之和	430.68
其中：免税项目用	14	
集体福利、个人消费	15	430.68
非正常损失	16	
简易计税方法征税项目用	17	
免抵退税办法不得抵扣的进项税额	18	
纳税检查调减进项税额	19	
红字专用发票信息表注明的进项税额	20	
上期留抵税额抵减欠税	21	
上期留抵税额退税	22	
其他应作进项税额转出的情形	23	

三、待抵扣进项税额				
项目	栏次	份数	金额	税额
（一）认证相符的增值税专用发票	24	—	—	—
期初已认证相符但未申报抵扣	25			
本期认证相符且本期未申报抵扣	26			
期末已认证相符但未申报抵扣	27			
其中：按照税法规定不允许抵扣	28			
（二）其他扣税凭证	29=30 至 33 之和			
其中：海关进口增值税专用缴款书	30			
农产品收购发票或者销售发票	31			

续表

三、待抵扣进项税额				
项目	栏次	份数	金额	税额
代扣代缴税收缴款凭证	32		—	
其他	33			
	34			
四、其他				
项目	栏次	份数	金额	税额
本期认证相符的增值税专用发票	35	16	1 383 301.92	179 829.25
代扣代缴税额	36	—	—	

表2-6 增值税纳税申报表附列资料（三）（附表3）

（服务、不动产和无形资产扣除项目明细）

税款所属时间：自2023年1月1日至2023年1月31日

纳税人名称：×××商贸公司（公章） 金额单位：元

项目及栏次		本期服务、不动产和无形资产价税合计额（免税销售额）	服务、不动产和无形资产扣除项目				
			期初余额	本期发生额	本期应扣除金额	本期实际扣除金额	期末余额
		1	2	3	4=2+3	5（5≤1且5≤4）	6=4−5
13%税率的项目	1						
9%税率的项目	2						
6%税率的项目（不含金融商品转让）	3						
6%税率的金融商品转让项目	4						
5%征收率的项目	5	44 690.46					
3%征收率的项目	6						
免抵退税的项目	7						
免税的项目	8						

鱼姐："自查。第一，看应交的税和计提的税是否对得上；第二，点申报，现在电子税务局可以作废申报的，能申报成功的话证明申报表勾稽没问题。"

西米："分录是不是

借：应交税费——未交增值税 20 293.28

　　贷：银行存款 20 293.28 "

鱼姐："对，不过申报成功划款后再做分录。怕有一两分的差额。"

西米："那如果申报缴税的金额跟计提的有差额怎么办？"

鱼姐："更改计提凭证。尽量计提和缴费的对上。"

西米："懂了，谢谢鱼姐。"

第 3 章
不能忽视的“附加税（费）”

不要觉得附加税不起眼就忽视它们，至少这两个附加税（费）每月或每季都要遇到。城建税的全称为城市维护建设税（以下简称城建税），我国为了加强城市的维护建设，扩大和稳定城市维护建设资金的来源，而对有经营收入的单位和个人征收的一个税种。它具有附加税性质，本身没有类似于其他税特定独立的征税对象。

教育费附加不是“税”，而是“费”，它的作用是发展地方性教育事业，扩大地方教育经费的资金来源，除了教育费附加，还有地方教育费附加。

3.1 什么情况下需要缴纳城建税 / 教育费附加

① 在中华人民共和国境内缴纳增值税、消费税的单位和个人，为城建税 / 教育费附加的纳税人。包括各类企业（含外商投资企业、外国企业）、行政单位、事业单位、军事单位、社会团体及其他单位，以及个体工商户和其他个人（含外籍个人）。

② 城建税 / 教育费附加的扣缴义务人为负有增值税、消费税扣缴义务的单位和个人，在扣缴增值税、消费税的同时扣缴城建税 / 教育费附加。

3.2 城建税 / 教育费附加的核算及账务处理

3.2.1 城建税 / 教育费附加如何计算

3.2.1.1 计征依据

① 城建税 / 教育费附加以纳税人依法实际缴纳的增值税、消费税税额为计税依据。

② 城建税 / 教育费附加的计税依据应当按照规定扣除期末留抵退税退还的增值税税额。

③“进口不征、出口不退”。

a. 对进口货物或者境外单位和个人向境内销售劳务、服务、无形资产缴纳的增值税、消费税税额，不征收城建税 / 教育费附加。

b. 对出口货物、劳务和跨境销售服务、无形资产以及因优惠政策退还增值税、消费税的，不退还已缴纳的城建税 / 教育费附加。

c. 对增值税、消费税实行先征后返、先征后退、即征即退办法的，除另有规定外，对随增值税、消费税附征的城建税 / 教育费附加，一律不予退（返）还。

3.2.1.2 征收比率

（1）城建税

① 城建税实行地区差别比例税率，共三档：

a. 纳税人所在地在市区的，税率为 7%。

b. 纳税人所在地在县城、镇的，税率为 5%。

c. 纳税人所在地不在市区、县城或者镇的，税率为 1%。

② 特殊情况的税率适用规则：

a. 由受托方代扣代缴、代收代缴增值税、消费税的单位和个人，其代扣代缴、代收代缴的城建税按受托方所在地适用税率执行。

b. 流动经营等无固定纳税地点的单位和个人，在经营地缴纳增值税、消费税的，其城建税的缴纳按经营地适用税率执行。

（2）教育费附加

教育费附加 3%，地方教育费附加 2%。

3.2.1.3 计算公式

应纳税额＝（实际缴纳的增值税＋实际缴纳的消费税）× 征收比率

3.2.2 城建税 / 教育费附加如何进行账务处理

城建税 / 教育费附加的相关业务须设置“应交税费”“税金及附加”会计科目进行账务处理。

计提城建税 / 教育费附加：

借：税金及附加——城建税 / 教育费附加

  贷：应交税费——应交城建税 / 应交教育费附加

符合减免的税费计入营业外收入：

借：应交税费——应交城建税 / 教育费附加

  贷：营业外收入

缴纳城建税及教育费附加时：

借：应交税费——应交城建税 / 教育费附加

  贷：银行存款

举个例子：

A 公司是小规模纳税人，2023 年 2 季度含税销售收入 3.09 万元（开具增值税专用发票）。城建税税率 7%，教育费附加征收率 3%，地方教育附加征收率 2%。

那么，A 公司 2 季度的增值税 900 元是不能减免的，即城建税、教育费附加以 900 元为基数进行计算，即：城建税＝ 900×7% ＝ 63（元），教育费附加＝ 900×3% ＝ 27（元），地方教育费附加＝ 900×2% ＝ 18（元）

计提城建税及教育费附加，

借：税金及附加——城建税	63
税金及附加——教育费附加	27

税金及附加——地方教育费附加　　18

贷：应交税费——应交城建税　　63

应交税费——应交教育费附加　　27

应交税费——应交地方教育费附加　　18

但是A公司的情况符合《关于进一步实施小微企业“六税两费”减免政策的公告》（财政部税务总局公告2022年第10号）的规定，即城建税/教育费附加在减半征收时，会计分录为：

借：应交税费——应交城建税　　31.5

应交税费——教育费附加　　13.5

应交税费——地方教育费附加　　9

贷：营业外收入　　54

缴纳城建税/教育费附加时：

借：应交税费——应交城建税　　31.5

应交税费——教育费附加　　13.5

应交税费——地方教育费附加　　9

贷：银行存款　　54

3.3 城建税/教育费附加的征收管理

（1）纳税义务发生时间

城建税/教育费附加的纳税义务发生时间与增值税、消费税的纳税义务发生时间一致，分别与增值税、消费税同时缴纳。

（2）纳税地点

城建税/教育费附加纳税地点为实际缴纳增值税、消费税的地点。扣缴义务人应当向其机构所在地或者居住地的主管税务机关申报缴纳其扣缴的税款。

（3）纳税期限

城建税/教育费附加的纳税期限与增值税、消费税的纳税期限一致。

3.4 会计现场

实际工作中我们应该如何操作呢？一起走进“会计现场”来巩固一下以上所学的知识吧。

3.4.1 附加税（费）的计提业务

情景：鱼姐接着增值税的话题继续在群里指导西米。

人物：鱼姐、西米、明月、永恒（会计群群友）。

鱼姐："计提完增值税，接下来就是城建税、教育费附加的计提了。在做城建税、教育费附加计提的账务处理前先计算，公司只缴增值税，所以城建税、教育费附加的计税依据是增值税。你根据《城建税 / 教育费附加计算表》套进去就可以了。"

西米打开了城建税、教育费附加计算表，把刚计提完的增值税 20 293.28 元填进表里的"计税依据"中，金额即自动生成，这个计提表就做好了（如表 3-1 所示）。

表 3-1　城建税、教育费附加计算表（2023 年 1 月）　单位：元

税种	计税依据（增值税）	税率	金额	优惠	金额
城建税	20 293.28	7%	1 420.53	50%	710.26
教育费附加	20 293.28	3%	608.80	50%	304.40
地方教育费附加	20 293.28	2%	405.87	50%	202.93
合计			2 435.20		1 217.59

西米："鱼姐，这个表太方便了。用这张表做附件，然后有个优惠 50% 的，怎么做分录呢？"

鱼姐："优惠部分计入营业外收入，但实操中也有人按优惠后的价格计提。"

西米："懂了，谢谢鱼姐。"

会计群正好也在讨论附加税。

永恒："我这个月异地预缴增值税时，城建税也一起交了，我是不是得做一笔'借：税金及附加，贷：银行存款'？"

明月："不计提了吗？"

永恒："直接扣，也要计提？"

明月："我觉得做两笔分录，一笔计提，一笔缴款。对吧，@ 鱼姐"

鱼姐："对，计提一笔，缴款一笔。做账看准则。"

永恒："好的，谢谢群主。"

3.4.2 附加税（费）的申报业务

情景：会计群讨论附加税的申报和计提。

人物：鱼姐、如意、无极、西米（会计群群友）。

如意：“咦，为什么申报的与计提的不一致？”

无极：“要么就提错，要么就报错。起码错了一个。”

鱼姐：“是不是差 0.01？”

如意：“如果是 0.01 应该怎么做？”

无极：“下次少计提或多计提 0.01 呗。”

鱼姐：“为什么是下次不是这次？个人习惯在计提附加税之前填申报表，然后根据申报表来计提，这样就不会产生 0.01 了。”

如意：“我现在不是差 0.01。”

鱼姐：“看一下差多少，检查下公式、税率。”

如意这才恍然大悟，原来在 M 公司是 5% 城建税，现在 P 公司是 7% 城建税。

如意：“我又粗心了。”

西米：“我的附加税费申报表跟计提的一样。”

西米所在公司城建税 / 教育费附加申报表填写后如表 3-2 所示。

表 3-2　城建税 / 教育费附加申报表

税款所属时间：自　2023 年 1 月 1 日至　2023 年 1 月 31 日

纳税人名称：××× 商贸公司（公章）　　金额单位：元

<table>
<tr><td rowspan="3" colspan="2">税（费）种</td><td colspan="3">计税（费）依据</td><td rowspan="2">税（费）率 /%</td><td rowspan="2">本期应纳税（费）额</td><td colspan="2">本期减免税（费）额</td><td colspan="2">试点建设培育产教融合型企业</td><td rowspan="2">本期已缴税（费）额</td><td rowspan="2">本期应补（退）税（费）额</td></tr>
<tr><td>增值税税额</td><td>增值税免抵税额</td><td>留抵退税本期扣除额</td><td>减免性质代码</td><td>减免税（费）额</td><td>减免性质代码</td><td>本期抵免金额</td></tr>
<tr><td>1</td><td>2</td><td>3</td><td>4</td><td>5=（1+2−3）×4</td><td>6</td><td>7</td><td>8</td><td>9</td><td>10</td><td>11=5−7−9−10</td></tr>
<tr><td>城市维护建设税</td><td>1</td><td>20 293.28</td><td></td><td></td><td>7%</td><td>1 420.53</td><td></td><td>710.26</td><td>—</td><td>—</td><td></td><td>710.26</td></tr>
<tr><td>教育费附加</td><td>2</td><td>20 293.28</td><td></td><td></td><td>3%</td><td>608.80</td><td></td><td>304.40</td><td></td><td></td><td></td><td>304.40</td></tr>
<tr><td>地方教育附加</td><td>3</td><td>20 293.28</td><td></td><td></td><td>2%</td><td>450.87</td><td></td><td>202.93</td><td></td><td></td><td></td><td>202.93</td></tr>
<tr><td>合计</td><td>4</td><td>—</td><td>—</td><td>—</td><td>—</td><td></td><td>—</td><td></td><td>—</td><td></td><td></td><td>1 217.59</td></tr>
</table>

续表

<table>
<tr><td rowspan="3">本期是否适用试点建设培育产教融合型企业抵免政策</td><td rowspan="3">□是
□否</td><td>当期新增投资额</td><td>5</td><td></td></tr>
<tr><td>上期留抵可抵免金额</td><td>6</td><td></td></tr>
<tr><td>结转下期可抵免金额</td><td>7</td><td></td></tr>
<tr><td colspan="2" rowspan="3">可用于扣除的增值税留抵退税额使用情况</td><td>当期新增可用于扣除的留抵退税额</td><td>8</td><td></td></tr>
<tr><td>上期结存可用于扣除的留抵退税额</td><td>9</td><td></td></tr>
<tr><td>结转下期可用于扣除的留抵退税额</td><td>10</td><td></td></tr>
</table>

借：应交税费——应交城建税　　710.26

　　应交税费——应交教育费附加　　304.40

　　应交税费——应交地方教育费附加　　202.93

　　贷：银行存款　　1217.59

西米正想把缴款书打印出来，哪知道系统又瘫痪了。假期综合征对于会计来说根本不存在，过完年上班的第一天，会计们就“满血复活”了，只有在报完税之后才能放松一下。

西米在备忘录上记上“未打印 1 月附加税费缴款书”，作为提醒。

第 4 章
年后算总账的“企业所得”税

为什么说企业所得税是年后算总账呢？因为平时企业所得税按季申报纳税的只是“预缴”。只有全年过完，转年 5 月 31 日前完成上一年度的汇算清缴后，才会对全年的所得税税金进行多退少补。

那什么是企业所得税呢？企业所得税是对我国内资企业和经营单位的生产经营所得和其他所得征收的一种税。

4.1 什么情况下需要缴纳企业所得税

4.1.1 企业所得税纳税人

企业所得税纳税人包括各类企业、事业单位、社会团体、民办非企业单位和从事经营活动的其他组织；但依照中国法律、行政法规成立的个人独资企业、合伙企业，不适用《企业所得税法》，不属于企业所得税纳税义务人。

4.1.2 居民企业和非居民企业

对于企业所得税的纳税，我们可以把企业分为居民企业和非居民企业，其划分标准及纳税义务如表 4-1 所示。

表 4-1 居民企业和非居民企业划分标准及纳税义务

<table>
<tr><th colspan="3">类型</th><th colspan="2">纳税义务</th></tr>
<tr><td rowspan="2">居民企业</td><td colspan="2">依法在中国境内成立的企业（注册地标准）</td><td rowspan="2">全面纳税义务</td><td rowspan="2">就来源于中国境内、境外的全部所得纳税</td></tr>
<tr><td colspan="2">依照外国（地区）法律成立但实际管理机构在中国境内的企业（实际管理机构所在地标准）</td></tr>
<tr><td rowspan="2">非居民企业</td><td rowspan="2">依照外国（地区）法律成立且实际管理机构不在中国境内的企业</td><td>在中国境内设立机构、场所</td><td rowspan="2">有限纳税义务</td><td>就以下所得纳税：
①来源于中国境内的所得
②发生在中国境外但与其所设机构、场所有实际联系的所得</td></tr>
<tr><td>在中国境内未设立机构、场所，但有来源于中国境内所得</td><td>就来源于中国境内的所得纳税</td></tr>
</table>

4.1.3 所得来源地的确定

（1）销售货物所得

按照交易活动发生地确定。

（2）提供劳务所得

按照劳务发生地确定。

（3）转让财产所得

① 不动产转让所得：按照不动产所在地确定。

② 动产转让所得：按照转让动产的企业或者机构、场所所在地确定。

③ 权益性投资资产转让所得：按照被投资企业所在地确定。

（4）股息、红利等权益性投资所得

按照分配所得的企业所在地确定。

（5）利息所得 / 租金所得 / 特许权使用费所得

按照负担、支付所得的企业或者机构、场所所在地确定，或者按照负担、支付所得的个人的住所地确定（“支付方所在地”）。

4.2 企业所得税如何核算

4.2.1 企业所得税的税率是多少

① 基本税率 25%；低税率 20%，实际执行 10% 税率。企业所得税的纳税人不同，适用的税率也不同。

② 居民企业中符合条件的小型微利企业减按 20% 税率征税；国家重点扶持的高新技术企业减按 15% 税率征税。

企业所得税税率表如表 4-2 所示。

表 4-2 企业所得税税率表

序号	税目	税率
1	企业所得税税率	25%
2	符合条件的小型微利企业（应纳税所得额减按 50%）	20%
3	国家需要重点扶持的高新技术企业	15%
4	技术先进型服务企业（中国服务外包示范城市）	15%
5	线宽小于 0.25μm 的集成电路生产企业	15%
6	投资额超过 80 亿元的集成电路生产企业	15%
7	设在西部地区的鼓励类产业企业	15%
8	广东横琴、福建平潭、深圳前海等地区的鼓励类产业企业	15%
9	国家规划布局内的重点软件企业和集成电路设计企业	10%
10	非居民企业在中国境内未设立机构、场所的，或者虽设立机构、场所但取得的所得与其所设机构、场所没有实际联系的，应当就其来源于中国境内的所得缴纳企业所得税	10%

4.2.2 企业所得税应纳税额如何计算

（1）应纳税额

应纳税额＝应纳税所得额 × 适用税率 − 减免税额 − 抵免税额

（2）应纳税所得额

① 直接法：

a. 计算公式　应纳税所得额＝收入总额－不征税收入－免税收入－准予扣除项目金额－允许弥补的以前年度亏损

b. 计算依据　在计算应纳税所得额时，企业财务、会计处理办法与税收法律法规的规定不一致的，应当依照税收法律法规的规定计算。

② 间接法：应纳税所得额＝会计利润总额＋纳税调整增加额－纳税调整减少额。

4.2.3　企业所得税里有哪些“收入”

（1）收入总额概述

① 企业收入总额，是指以货币形式和非货币形式从各种来源取得的收入。

② 企业取得收入的货币形式，包括现金、存款、应收账款、应收票据、准备持有至到期的债券投资以及债务的豁免等。

③ 企业取得的非货币形式收入，应当按照公允价值确定收入额。

（2）企业所得税的收入类型

① 销售货物收入：指企业销售商品、产品、原材料、包装物、低值易耗品以及其他存货取得的收入。

② 提供劳务收入：指企业从事建筑安装、修理修配、交通运输、仓储租赁、金融保险、邮电通信、咨询经纪、文化体育、科学研究、技术服务、教育培训、餐饮住宿、中介代理、卫生保健、社区服务、旅游、娱乐、加工以及其他劳务服务活动取得的收入。

③ 转让财产收入：指企业转让固定资产、生物资产、无形资产、股权、债权等财产取得的收入。

④股息、红利等权益性投资收益：指企业因权益性投资从被投资方取得的收入。

⑤ 利息收入：指企业将资金提供他人使用但不构成权益性投资，或者因他人占用本企业资金取得的收入，包括存款利息、贷款利息、债券利息、欠款利息等收入。

⑥ 租金收入：指企业提供固定资产、包装物或者其他有形资产的使用权取得的收入。

⑦ 特许权使用费收入：指企业提供专利权、非专利技术、商标权、著作权以及其他特许权的使用权取得的收入。

⑧ 接受捐赠收入：指企业接受的来自其他企业、组织或者个人无偿给予的货币性资产、非货币性资产。

⑨ 其他收入：指企业取得《企业所得税法》具体列举的收入外的其他收入，包括企业资产溢余收入、逾期未退包装物押金收入、确实无法偿付的应付款项、已作坏账损失处理后又收回的应收款项、债务重组收入、补贴收入、违约金收入、汇兑收益等。

⑩ 视同销售收入：企业发生非货币性资产交换，以及将货物、财产、劳务用于捐赠、偿债、赞助、集资、广告、样品、职工福利或者利润分配等用途的，应当视同销售货物、转让财产或者提供劳务，但国务院财政、税务主管部门另有规定的除外。

（3）企业所得税收入确认时间

① 销售货物收入。

a. 采用托收承付方式的：办妥托收手续时确认。

b. 采用预收款方式的：发出商品时确认。

c. 商品需要安装和检验的：一般情况下，购买方接受商品以及安装和检验完毕时确认；安装程序比较简单的，发出商品时确认。

d. 采用支付手续费方式委托代销的：收到代销清单时确认。

e. 采用分期收款方式的：按照合同约定的收款日期确认。

② 提供劳务收入。

a. 企业在各个纳税期末，提供劳务交易的结果能够可靠估计的，应采用完工进度（完工百分比）法确认。

b. 企业受托加工制造大型机械设备、船舶、飞机，以及从事建筑、安装、装配工程业务或者提供其他劳务等，持续时间超过 12 个月的，按照纳税年度内完工进度或者完成的工作量确认收入的实现。

③ 股息、红利等权益性投资收益。

a. 根据被投资方作出利润分配决定的日期确认（除国务院财政、税务主管部门另有规定外）。

b. 采取产品分成方式取得收入的，按照企业分得产品的日期确认。

④ 利息收入：按照合同约定的债务人应付利息的日期确认。

⑤ 租金收入。

a. 按照合同约定的承租人应付租金的日期确认。

b. 如果交易合同或协议中规定的租赁期限跨年度，且租金提前一次性支付的，出租人可对上述已确认的收入，在租赁期内，分期均匀计入相关年度收入。

⑥ 特许权使用费收入：按照合同约定的特许权使用人应付特许权使用费的日期确认。

⑦ 接受捐赠收入：按照实际收到捐赠资产的日期确认。

（4）特殊销售方式下收入金额的确定

① 收购回购。符合销售收入确认条件的，销售的商品按售价确认收入，回购的商品作为购进商品处理；不符合销售收入确认条件的（不确认收入），收到的款项确认为负债，回购价－原售价在回购期间确认为利息费用。

② 以旧换新。

a. 销售商品应当按照销售商品收入（不含增值税）确认条件确认收入。

b. 回收的商品作为购进商品处理。

③ 折扣、折让。

a. 商业折扣。目的：因购买量大而给予的优惠。

处理规则：按照扣除商业折扣后的金额（不含增值税）确定销售商品收入金额。

b. 现金折扣。目的：鼓励尽早付款。

处理规则：按扣除现金折扣前的金额（不含增值税），确定销售商品收入金额，现金折扣在实际发生时作为财务费用扣除。

c. 销售折让。目的：因售出商品质量不合要求而作出的售价减让。

处理规则：企业已经确认销售收入的售出商品发生销售折让的，应当在发生当期冲减当期销售商品收入。

④“买一赠一”。企业以“买一赠一”等方式组合销售本企业商品的，不属于捐赠，应将总的销售金额按各项商品的公允价值的比例来分摊确认各项的销售收入。

（5）不征税收入和免税收入

① 不征税收入：

a. 财政拨款。

b. 依法收取并纳入财政管理的行政事业性收费、政府性基金。

c. 国务院规定的其他不征税收入，指企业取得的由国务院财政、税务主管部门规定专项用途并经国务院批准的财政性资金。例如：

县级以上人民政府将国有资产无偿划入企业，凡指定专门用途并按规定进行管理的，企业可作为不征税收入进行企业所得税处理。其中，该项资产属于非货币性资产的，应按政府确定的接收价值计算不征税收入。

对全国社会保障基金理事会及基本养老保险基金投资管理机构在国务院批准的投资范围内，运用养老基金投资取得的归属于养老基金的投资收入，作为企业所得税不征税收入。

对全国社会保障基金取得的直接股权投资收益、股权投资基金收益，作为企业所得税不征税收入。

② 免税收入：

a. 国债利息收入免税。

b. 符合条件的居民企业之间的股息、红利等权益性投资收益，被投资企业是未上市居民企业或持股时间大于或等于 12 个月的上市居民企业，免税。被投资企业是上市居民企业持股时间小于 12 个月的，不免税。

c. 符合条件的非营利组织从事非营利性活动取得的收入给予免税，但从事营利性活动取得的收入应依法征税。

d. 外国政府向中国政府提供贷款取得的利息所得、国际金融组织向中国政府和居民企业提供优惠贷款取得的利息所得免征企业所得税。

e. 对企业取得的 2012 年及以后年度发行的地方政府债券利息收入，免征企业所得税。

f. 对企业投资者持有 2023 ～ 2027 年发行的铁路债券取得的利息收入，减半征收企业所得税。

③ 收入总额、不征税收入、免税收入与应税收入（应当计入应纳税所得额的收入）。

4.2.4 收益性支出如何扣除

（1）不得税前扣除的项目

① 企业实际发生的与取得收入有关的、合理的支出，包括成本、费用、税金、损失和其他支出，准予在计算应纳税所得额时扣除。

② 除另有规定外，企业实际发生的成本、费用、税金、损失和其他支出，不得重复扣除。

③ 企业发生的支出可以区分为收益性支出和资本性支出：

a. 收益性支出在发生当期直接扣除。

b. 资本性支出应当分期扣除或者计入有关资产成本，不得在发生当期直接扣除。

④ 不征税 / 免税收入对应的支出：

a. 企业的不征税收入对应的费用、折旧、摊销一般不得在计算应纳税所得额时扣除。

b. 免税收入对应的费用、折旧、摊销一般可以税前扣除。

⑤ 不得扣除项目：

a. 向投资者支付的股息、红利等权益性投资收益款项。

b. 企业所得税税款。

c. 税收滞纳金。

d. 罚金、罚款和被没收财物的损失。

e. 不符合规定的捐赠支出。

f. 赞助支出，具体是指企业发生的与生产经营活动无关的各种非广告性质的赞助支出。

g. 未经核定的准备金支出。

h. 企业之间支付的管理费、企业内营业机构之间支付的租金和特许权使用费，以及非银行企业内营业机构之间支付的利息。

i. 与取得收入无关的其他支出。

（2）税金的扣除

① 不得扣除：企业缴纳的增值税、企业所得税。

② 可以扣除：

a. 计入税金及附加在当期扣除：消费税、资源税、土地增值税、出口关税、城建税及教育费附加、房产税、车船税、城镇土地使用税、印花税、环境保护税。

b. 发生当期计入相关资产成本，在以后各期分摊扣除：车辆购置税、契税、进口关税、耕地占用税、不得抵扣的增值税。

（3）工资、薪金支出和四项经费的扣除

① 企业发生的合理的工资、薪金支出，准予扣除。

② 四项经费：

a. 企业发生的职工福利费支出，不超过工资、薪金总额 14% 的部分，准予扣除。

b. 企业拨缴的工会经费，不超过工资、薪金总额 2% 的部分，准予扣除。

c. 企业发生的职工教育经费支出，不超过工资、薪金总额 8% 的部分，准予在计算企业所得税应纳税所得额时扣除；超过部分，准予在以后纳税年度结转扣除。

d. 党组织工作经费：国有企业（包括国有独资、全资和国有资本绝对控股、相对控股企业）纳入管理费用的党组织工作经费，实际支出不超过职工年度工资、薪金总额 1% 的部分，可以据实在企业所得税前扣除；非公有制企业党组织工作经费纳入企业管理费列支，不超过职工年度工资、薪金总额 1% 的部分，可以据实在企业所得税前扣除。

（4）保险费的扣除

① 据实扣除。

a. 企业参加财产保险，按照有关规定缴纳的保险费。

b. 企业参加雇主责任险、公众责任险等责任保险，按照规定缴纳的保险费。

c. 企业发生的合理的劳动保护支出。

d. “四险一金”：企业依照国务院有关主管部门或者省级人民政府规定的范围和标准为职工缴纳的基本养老保险费、基本医疗保险费、失业保险费、工伤保险费等基本社会保险费和住房公积金。

e. 商业人身保险费支出（企业职工因公出差乘坐交通工具发生的人身意外保险费支出、企业依照国家规定为特殊工种职工支付的人身安全保险费支出）。

② 标准扣除。企业根据国家有关政策规定，为在本企业任职或者受雇的全体员工支付的补充养老保险费、补充医疗保险费，分别在不超过职工工资总额 5% 标准内的部分，在计算应纳税所得额时准予扣除；超过的部分，不予扣除。

③ 不得扣除。商业人身保险费支出（企业为投资者或者职工支付的其他商业保险费）。

（5）与生产经营直接相关的重点扣除项目

① 业务招待费。企业发生的与生产经营活动有关的业务招待费支出，按照发生额的 60% 扣除，但最高不得超过当年销售（营业）收入的 5‰。

销售（营业）收入的确定：

a. 销售（营业）收入，也可以称为“销售收入”或“营业收入”。

b. 销售（营业）收入主要包括销售货物收入（包括视同销售货物收入）、提供劳务收入（包括视同提供劳务收入）、租金收入、特许权使用费收入和逾期未退包装物押金收入。

② 广告费和业务宣传费。

a. 企业发生的符合条件的广告费和业务宣传费支出，除国务院财政、税务主管部门另有规定外，不超过当年销售（营业）收入15%的部分，准予扣除；超过部分，准予在以后纳税年度结转扣除。

b. 对化妆品制造或销售、医药制造和饮料制造（不含酒类制造）企业发生的广告费和业务宣传费支出，不超过当年销售（营业）收入30%的部分，准予扣除；超过部分，准予在以后纳税年度结转扣除。

c. 烟草企业的烟草广告费和业务宣传费支出，一律不得在计算应纳税所得额时扣除。

③ 公益性捐赠。公益性捐赠，是指企业通过公益性社会组织或者县级以上人民政府及其部门，用于符合法律规定的慈善活动、公益事业的捐赠。

a. 自2021年1月1日起，企业或个人通过公益性群众团体用于符合法律规定的公益慈善事业捐赠支出，准予按税法规定在计算应纳税所得额时扣除。

b. 企业当年发生以及以前年度结转的公益性捐赠支出，不超过年度利润总额12%的部分，在计算应纳税所得额时准予扣除；超过年度利润总额12%的部分，准予结转以后3年内在计算应纳税所得额时扣除。

c. 自2019年1月1日至2025年12月31日，企业通过公益性社会组织或者县级以上人民政府及其组成部门和直属机构，用于目标脱贫地区的扶贫捐赠支出，准予在计算企业所得税应纳税所得额时据实扣除。企业同时发生扶贫捐赠支出和其他公益性捐赠支出，在计算公益性捐赠支出年度扣除限额时，符合条件的扶贫捐赠支出不计算在内。

（6）与生产经营直接相关的其他扣除项目

① 借款费用。企业在生产经营活动中发生的合理的借款费用：

a. 不需要资本化的，准予扣除。

b. 需要资本化，应当计入资产成本，不得单独作为财务费用扣除。

② 利息费用。

a. 据实扣除：非金融企业向金融企业借款的利息支出；金融企业的各项存款利息支出和同业拆借利息支出；企业经批准发行债券的利息支出。

b. 限额扣除：非金融企业向非金融企业借款的利息支出，不超过按照金融企业同期同类贷款利率计算的数额的部分，准予扣除，超过部分不得扣除。

③ 租赁费。

a. 以经营租赁方式租入固定资产发生的租赁费支出，按照租赁期限均匀扣除。

b. 以融资租赁方式租入固定资产发生的租赁费支出，按照规定构成融资租入固定资产价值。

④ 资产损失。

a. 损失额的确定。企业发生的损失，减除责任人赔偿和保险赔款后的余额，依照国务院财政、税务主管部门的规定扣除。企业存货因管理不善损失而不能从增值税销项税额中抵扣的进项税额，应视同企业财产损失，准予与存货损失一并在税前扣除；存货因不可抗力损失或者发生合理损耗，对应的进项税额仍然可以抵扣，不作损失处理。

b. 企业已经作为损失处理的资产，在以后纳税年度又全部收回或者部分收回时，应当计入当期收入。

c. 以前年度资产损失的追补。企业发生符合规定的资产损失，应在按税法规定实际确认或者实际发生的当年申报扣除；但企业以前年度发生的资产损失未能在当年税前扣除的，可以按照规定，向税务机关说明并进行专项申报扣除。企业以前年度发生的资产损失，属于实际资产损失的，准予追补至该项损失发生年度扣除，其追补确认期限一般不得超过 5 年。企业因以前年度实际资产损失未在税前扣除而多缴的企业所得税税款，可在追补确认年度企业所得税应纳税款中予以抵扣，不足抵扣的，向以后年度递延抵扣。

⑤ 其他扣除项目。

a. 环境保护专项资金。企业依照法律、行政法规的有关规定提取的用于环境保护、生态恢复等方面的专项资金，准予扣除；上述专项资金提取后改变用途的，不得扣除。

b. 手续费及佣金支出。企业发生与生产经营有关的手续费及佣金支出，按照以下规定扣除：

保险企业：保险企业发生与其经营活动有关的手续费及佣金支出，不超过当年全部保费收入扣除退保金等后余额的 18%（含本数）的部分，在计算应纳税所得额时准予扣除；超过部分，允许结转以后年度扣除。

其他企业：按与具有合法经营资格的中介服务机构或个人（不含交易双方及其雇员、代理人和代表人等）所签订服务协议或合同确认的收入金额的 5% 计算限额，限额以内的部分准予扣除。

从事代理服务，主营业务收入为手续费、佣金的企业（如证券、期货、保险代理等企业），其为取得该类收入而实际发生的营业成本（包括手续费及佣金支出），准予在企业所得税前据实扣除。

c. 依照有关法律、行政法规和国家有关税法规定准予扣除的其他项目，如会员费、合理的会议费、差旅费、违约金、诉讼费用等。

4.2.5 企业所得税里有哪些“资产”

4.2.5.1 固定资产的企业所得税处理

（1）不得计算折旧扣除的固定资产

在计算应纳税所得额时，企业按照税法规定计算的固定资产折旧，准予扣除；但下列固定资产不得计算折旧扣除：

① 房屋、建筑物以外未投入使用的固定资产。

② 以经营租赁方式租入的固定资产。

③ 以融资租赁方式租出的固定资产。

④ 已足额提取折旧仍继续使用的固定资产。

⑤ 与经营活动无关的固定资产。

⑥ 单独估价作为固定资产入账的土地。

⑦ 其他不得计提折旧扣除的固定资产。

（2）计税基础

① 企业资产通常以历史成本为计税基础。企业持有各项资产期间资产增值或者减值，除国务院财政、税务主管部门规定可以确认损益外，不得调整该资产的计税基础。

② 外购的固定资产，以购买价款和支付的相关税费以及直接归属于使该资产达到预定用途发生的其他支出为计税基础。

③ 自行建造的固定资产，以竣工结算前发生的支出为计税基础。

④ 融资租入的固定资产。

a. 以租赁合同约定的付款总额和承租人在签订租赁合同过程中发生的相关费用为计税基础。

b. 租赁合同未约定付款总额的，以该资产的公允价值和承租人在签订租赁合同过程中发生的相关费用为计税基础。

⑤ 盘盈的固定资产，以同类固定资产的重置完全价值为计税基础。

⑥ 通过捐赠、投资、非货币性资产交换、债务重组等方式取得的固定资产，以该资产的公允价值和支付的相关税费为计税基础。

⑦ 改建的固定资产，除已足额提取折旧的固定资产和租入的固定资产以外的其他固定资产，以改建过程中发生的改建支出增加计税基础。

（3）税法关于固定资产折旧额计算的基本规定

① 方法：固定资产按照直线法计算的折旧，准予扣除。

② 起止时间：企业应当自固定资产投入使用月份的次月起计算折旧；停止使用的固定资产，应当自停止使用月份的次月起停止计算折旧。

③ 预计净残值：企业应当根据固定资产的性质和使用情况，合理确定固定资产的预计净残值，固定资产的预计净残值一经确定，不得变更。

④ 最低折旧年限（另有规定除外）：

a. 房屋、建筑物：20 年。

b. 飞机、火车、轮船、机器、机械和其他生产设备：10 年。

c. 与生产经营活动有关的器具、工具、家具等：5 年。

d. 飞机、火车、轮船以外的运输工具：4 年。

e. 电子设备：3 年。

（4）加速折旧

① 一次性税前扣除政策。企业在 2024 年 1 月 1 日至 2027 年 12 月 31 日期间新购进的设备、器具，单位价值不超过 500 万元的，允许一次性计入当期成本费用在计算应纳税所得额时扣除，不再分年度计算折旧。

② 税法关于加速折旧的基本规定。

a. 企业的下列固定资产可以按照规定加速折旧：

· 由于技术进步，产品更新换代较快的固定资产。

· 常年处于强震动、高腐蚀状态的固定资产。

b. 自 2019 年 1 月 1 日起，全部制造业企业新购进的固定资产适用固定资产加速折旧优惠。

c. 加速折旧的方法。

· 缩短折旧年限方法：要求最低折旧年限不得低于法定折旧年限的 60%。

· 加速折旧方法：可以采取双倍余额递减法或者年数总和法。

4.2.5.2 其他资产的企业所得税处理

（1）生产性生物资产

① 生产性生物资产，包括经济林、薪炭林、产畜和役畜等。

② 计税基础。

a. 外购的生产性生物资产，以购买价款和支付的相关税费为计税基础。

b. 通过捐赠、投资、非货币性资产交换、债务重组等方式取得的生产性生物资产，以该资产的公允价值和支付的相关税费为计税基础。

③ 最低折旧年限。

a. 林木类生产性生物资产，计算折旧的最低年限为 10 年。

b. 畜类生产性生物资产，计算折旧的最低年限为 3 年。

（2）无形资产

① 下列无形资产不得计算摊销费用扣除：

a. 自行开发的支出已在计算应纳税所得额时扣除的无形资产。

b. 自创商誉。

c. 与经营活动无关的无形资产。

d. 其他不得计算摊销费用扣除的无形资产。

② 外购商誉的支出，在企业整体转让或者清算时，准予扣除。

③ 计税基础。

a. 外购的无形资产，以购买价款和支付的相关税费，以及直接归属于使该资产达到预定用途发生的其他支出为计税基础。

b. 自行开发的无形资产，以开发过程中该资产符合资本化条件后至达到预定用途前发生的支出为计税基础。

c. 通过捐赠、投资、非货币性资产交换、债务重组等方式取得的无形资产，以该资产的公允价值和支付的相关税费为计税基础。

④ 无形资产的摊销年限不得低于 10 年。

（3）长期待摊费用

① 已足额提取折旧的固定资产的改建支出，按照固定资产预计尚可使用年限分期摊销。

② 租入固定资产的改建支出，按照合同约定的剩余租赁期限分期摊销。

③ 固定资产的大修理支出，按照固定资产尚可使用年限分期摊销。

其他应当作为长期待摊费用的支出，自支出发生月份的次月起，分期摊销，摊销年限不得低于 3 年。

（4）投资资产

① 企业对外投资期间，投资资产的成本在计算应纳税所得额时不得扣除。

② 企业在转让或者处置投资资产时，投资资产的成本，准予扣除。

（5）存货

① 企业使用或者销售存货，按照规定计算的存货成本，准予在计算应纳税所得额时扣除。

② 企业使用或者销售的存货的成本计算方法，可以在先进先出法、加权平均法、个别计价法中选用一种；计价方法一经选用，不得随意变更。

4.2.6 企业所得税如何进行账务处理

企业所得税业务，须设置“应交税费”“所得税费用”“递延所得税费用”会计科目进行账务处理。

企业按照税法规定计算确定的当期应交所得税。

借：所得税费用

　　贷：应交税费——应交企业所得税

缴纳企业所得税时：

借：应交税费——应交企业所得税

　　贷：银行存款

根据递延所得税资产的应有余额大于“递延所得税资产”科目余额的差额。

借：递延所得税资产

　　贷：所得税费用／资本公积等

递延所得税资产的应有余额小于“递延所得税资产”会计科目余额的差额则做相反的会计分录。企业应予确认的递延所得税负债，调整“递延所得税负债”等会计科目。

答会计问

问：汇算清缴后补缴或抵减多缴的企业所得税如何进行账务处理？

答：传统做法是——调整以前年度损益。

预缴税额多缴了，在汇算清缴后，发现全年应纳所得税额少于已预缴税额，那么就得对多缴的企业所得税进行调整，账务处理为：

借：应交税费——应交企业所得税

　　贷：以前年度损益调整

同时，结转以前年度损益调整。

借：以前年度损益调整

　　贷：利润分配——未分配利润

如果有计提盈余公积金情况，还需要调整“利润分配”有关数额，账务处理为：

借：利润分配——未分配利润

　　贷：盈余公积——法定盈余公积

　　　　盈余公积——法定公益金

预缴时多缴了税额两种情况处理，退税或者抵税，经税务机关审核批准退还多缴税款，账务处理为：

借：银行存款

　　贷：应交税费——应交企业所得税

对多缴所得税额不办理退税，用以抵缴下年度预缴所得税，账务处理为：

借：所得税费用

　　贷：应交税费——应交企业所得税

如果年度汇算清缴，全年应交所得税额减去已预缴税额为正数，即是应补税额，补缴企业所得税的账务处理为：

借：以前年度损益调整

　　贷：应交税费——应交企业所得税

缴纳年度汇算清缴应缴税款：

借：应交税费——应交企业所得

　　贷：银行存款

同时，结转以前年度损益调整：

借：利润分配——未分配利润

　　贷：以前年度损益调整

调整“利润分配”有关数额（如没有计提盈余公积金，不需要该笔分类）：

借：盈余公积——法定盈余公积

　　盈余公积——法定公益金

　　贷：利润分配——未分配利润

4.3 企业所得税的征收管理及税收优惠

4.3.1 企业所得税的征收管理

（1）纳税地点

① 居民企业的纳税地点。除税收法律、行政法规另有规定外，居民企业以企业登记注册地为纳税地点；但登记注册地在境外的，以实际管理机构所在地为纳税地点。

② 非居民企业的纳税地点。

a. 非居民企业在中国境内设立机构、场所的，以机构、场所所在地为纳税地点。

b. 非居民企业在中国境内未设立机构、场所的，或者虽设立机构、场所但取得的所得与其所设机构、场所没有实际联系，以扣缴义务人所在地为纳税地点。

③ 汇总计算。

a. 居民企业在中国境内设立不具有法人资格的营业机构的，应当汇总计算并缴纳企业所得税。除国务院另有规定外，企业之间不得合并缴纳企业所得税。

b. 非居民企业在中国境内设立两个或者两个以上机构、场所的，符合国务院税务主管部门规定条件的，可以选择由其主要机构、场所汇总缴纳企业所得税。

（2）纳税期限

① 企业所得税按年计征，分月或者分季预缴，年终汇算清缴，多退少补。

② 纳税年度。

a. 纳税年度自公历 1 月 1 日起至 12 月 31 日止。

b. 企业在一个纳税年度中间开业，或者终止经营活动，使该纳税年度的实际经营期不足 12 个月的，应当以其实际经营期为 1 个纳税年度。

c. 企业依法清算时，应当以清算期间作为 1 个纳税年度。

③ 汇算清缴。

a. 企业应当自年度终了之日起 5 个月内，向税务机关报送年度企业所得税纳税申报表，并汇算清缴，结清应缴应退税款。

b. 企业在年度中间终止经营活动的，应当自实际经营终止之日起 60 日内，向税务机关办理当期企业所得税汇算清缴。

（3）纳税申报

① 按月或按季预缴的，企业应当自月份或者季度终了之日起 15 日内，向税

务机关报送预缴企业所得税纳税申报表，预缴税款。

② 企业在纳税年度内无论盈利或者亏损，都应当依照规定期限，向税务机关报送预缴企业所得税纳税申报表、年度企业所得税纳税申报表、财务会计报告和税务机关规定应当报送的其他有关资料。

③ 企业应当在办理注销登记前，就其清算所得向税务机关申报并依法缴纳企业所得税。

4.3.2 企业所得税的优惠政策

4.3.2.1 减免税所得

（1）农、林、牧、渔业减、免税所得

① 企业从事下列项目的所得，免征企业所得税：

a. 蔬菜、谷物、薯类、油料、豆类、棉花、麻类、糖料、水果、坚果的种植。

b. 农作物新品种的选育。

c. 中药材的种植。

d. 林木的培育和种植。

e. 牲畜、家禽的饲养。

f. 林产品的采集。

g. 灌溉、农产品初加工、兽医、农技推广、农机作业和维修等农、林、牧、渔服务业项目。

h. 远洋捕捞。

② 企业从事下列项目的所得，减半征收企业所得税：

a. 花卉、茶以及其他饮料作物和香料作物的种植。

b. 海水养殖、内陆养殖。

（2）符合条件的技术转让所得

在一个纳税年度内，居民企业技术转让所得不超过 500 万元的部分，免征企业所得税；超过 500 万元的部分，减半征收企业所得税。

（3）“三免三减半”

① 企业从事国家重点扶持的公共基础设施项目的投资经营所得，自项目取得第一笔生产经营收入所属纳税年度起，第 1 年至第 3 年免征企业所得税，第 4 年至第 6 年减半征收企业所得税。但是，企业承包经营、承包建设和内部自建自用上述项目的，不得享受上述企业所得税优惠。

② 企业从事符合条件的环境保护、节能节水项目的所得，自项目取得第一笔生产经营收入所属纳税年度起，第 1 年至第 3 年免征企业所得税，第 4 年至第 6 年减半征收企业所得税。

（4）“两免三减半”

国家鼓励的集成电路设计、装备、材料、封装、测试企业和软件企业，自获利年度起第 1 年至第 2 年免征企业所得税，第 3 年至第 5 年按照 25% 的法定税率减半征收企业所得税。

（5）免税

① 经营性文化事业单位于 2022 年 12 月 31 日前转制为企业的，自转制注册之日起至 2027 年 12 月 31 日免征企业所得税。

② 自 2021 年 1 月 1 日至 2027 年 12 月 31 日，对符合条件的生产和装配伤残人员专门用品，且在民政部发布的《中国伤残人员专门用品目录》范围之内的居民企业，免征企业所得税。

（6）专用设备数字化智能化改造抵免企业所得税政策

企业在 2024 年 1 月 1 日至 2027 年 12 月 31 日期间发生的专用设备数字化、智能化改造投入，不超过该专用设备购置时原计税基础 50% 的部分，可按照 10% 比例抵免企业当年应纳税额。企业当年应纳税额不足抵免的，可以向以后年度结转，但结转年限最长不得超过五年。专用设备，是指企业购置并实际使用列入《财政部 税务总局 应急管理部关于印发〈安全生产专用设备企业所得税优惠目录（2018 年版）〉的通知》（财税〔2018〕84 号）、《财政部 税务总局 国家发展改革委 工业和信息化部 环境保护部关于印发〈节能节水和环境保护专用设备企业所得税优惠目录（2017 年版）〉的通知》（财税〔2017〕71 号）的专用设备。专用设备改造后仍应符合上述目录规定条件，不符合上述目录规定条件的不得享受优惠。上述目录如有更新，从其规定。

专用设备数字化、智能化改造，是指企业利用信息技术和数字技术对专用设备进行技术改进和优化，从而提高该设备的数字化和智能化水平。具体包括以下方面：

① 数据采集。利用传感、自动识别、系统读取、工业控制数据解析等数据采集技术，将专用设备的性能参数、运行状态和环境状态等信息转化为数字形式，实现对专用设备信息的监测和采集。

② 数据传输和存储。利用网络连接、协议转换、数据存储等数据传输和管

理技术，将采集的专用设备数据传输和存储，实现对专用设备采集数据的有效汇集。

③ 数据分析。利用数据计算处理、统计分析、建模仿真等数据分析技术，对采集的专用设备信息进行深度分析，实现专用设备故障诊断、预测维护、优化运行等方面的改进。

④ 智能控制。利用自动化技术和智能化技术，对专用设备监测告警、动态调参、反馈控制等功能进行升级，实现专用设备的智能化控制。

⑤ 数字安全与防护。利用数据加密、漏洞扫描、权限控制、冗余备份等数据和网络安全技术，对专用设备的数据机密性和完整性进行强化，实现专用设备数据和网络安全风险防控能力的明显提升。

⑥ 国务院财政、税务主管部门会同科技、工业和信息化部门规定的其他数字化、智能化改造情形。

4.3.2.2 低税率优惠

（1）15% 税率

① 对国家需要重点扶持的高新技术企业，减按 15% 的税率征收企业所得税。

② 对经认定的符合条件的技术先进型服务企业，减按 15% 的税率征收企业所得税。

③ 自 2021 年 1 月 1 日至 2030 年 12 月 31 日，对设在西部地区的鼓励类产业企业，减按 15% 的税率征收企业所得税。

④ 海南自由贸易港企业所得税优惠。

a. 自 2020 年 1 月 1 日至 2027 年 12 月 31 日，对注册在海南自由贸易港并实质性运营的鼓励类产业企业，减按 15% 的税率征收企业所得税。

b. 自 2020 年 1 月 1 日至 2027 年 12 月 31 日，对在海南自由贸易港设立的旅游业、现代服务业、高新技术产业企业新增境外直接投资取得的所得，免征企业所得税。

c. 对在海南自由贸易港设立的企业，新购置（含自建、自行开发）固定资产（房屋、建筑物除外）或无形资产，单位价值不超过 500 万元（含）的，允许一次性计入当期成本费用在计算应纳税所得额时扣除，不再分年度计算折旧和摊销；单位价值超过 500 万元的，可以缩短折旧、摊销年限或采取加速折旧、摊销的方法。

（2）小型微利企业

① 小型微利企业是指从事国家非限制和禁止行业，且同时符合年度应纳税所得额不超过 300 万元、从业人数不超过 300 人、资产总额不超过 5000 万元 3 个条件的企业。

② 具体优惠政策：按 20% 税率缴纳企业所得税。

a. 年应纳税所得额不超过 100 万元的部分：减按 12.5% 计入应纳税所得额。

b. 年应纳税所得额超过 100 万元但不超过 300 万元的部分：减按 50% 计入应纳税所得额。

4.3.2.3 加计扣除

（1）研发费用

① 优惠内容

企业开展研发活动中实际发生的研发费用，未形成无形资产计入当期损益的，在按规定据实扣除的基础上，自 2023 年 1 月 1 日起，再按照实际发生额的 100% 在税前加计扣除；形成无形资产的，自 2023 年 1 月 1 日起，按照无形资产成本的 200% 在税前摊销。

委外研发：企业委托外部机构或个人进行研发活动所发生的费用，按照费用实际发生额的 80% 计入委托方研发费用并计算加计扣除，受托方不得再进行加计扣除。委托外部研究开发费用实际发生额应按照独立交易原则确定。委托方与受托方存在关联关系的，受托方应向委托方提供研发项目费用支出明细情况。

委托境外进行研发活动所发生的费用，按照费用实际发生额的 80% 计入委托方的委托境外研发费用。委托境外研发费用不超过境内符合条件的研发费用三分之二的部分，可以按规定在企业所得税前加计扣除。上述费用实际发生额应按照独立交易原则确定。委托方与受托方存在关联关系的，受托方应向委托方提供研发项目费用支出明细情况。

合作研发：企业共同合作开发的项目，由合作各方就自身实际承担的研发费用分别计算加计扣除。

集中研发：企业集团根据生产经营和科技开发的实际情况，对技术要求高、投资数额大，需要集中研发的项目，其实际发生的研发费用，可以按照权利和义务相一致、费用支出和收益分享相配比的原则，合理确定研发费用的分摊方法，在受益成员企业间进行分摊，由相关成员企业分别计算加计扣除。

创意设计活动：企业为获得创新性、创意性、突破性的产品进行创意设计活动而发生的相关费用，可按照相关政策规定进行税前加计扣除。创意设计活动是指多媒体软件、动漫游戏软件开发，数字动漫、游戏设计制作；房屋建筑工程设计（绿色建筑评价标准为三星）、风景园林工程专项设计；工业设计、多媒体设计、动漫及衍生产品设计、模型设计等。

② 不适用研发费用加计扣除的行业包括：

a. 烟草制造业。

b. 住宿和餐饮业。

c. 批发和零售业。

d. 房地产业。

e. 租赁和商务服务业。

f. 娱乐业。

g. 财政部和国家税务总局规定的其他行业。

（2）安置残疾人员所支付的工资

企业安置残疾人员的，在按照支付给残疾职工工资据实扣除的基础上，按照支付给残疾职工工资的 100% 加计扣除。

4.3.2.4 减计收入

① 企业以《资源综合利用企业所得税优惠目录》规定的资源作为主要原材料，生产国家非限制和禁止并符合国家和行业相关标准的产品取得的收入，减按 90% 计入收入总额。

② 自 2019 年 6 月 1 日起至 2025 年 12 月 31 日，社区提供养老、托育、家政等服务的机构，提供社区养老、托育、家政服务取得的收入，在计算应纳税所得额时，减按 90% 计入收入总额。

4.3.2.5 抵免应纳税额

企业购置并实际使用规定的环境保护、节能节水、安全生产等专用设备的，该专用设备的投资额的 10% 可以从企业当年的应纳税额中抵免；当年不足抵免的，可以在以后 5 个纳税年度结转抵免。

4.3.2.6 抵扣应纳税所得额

创业投资企业采取股权投资方式投资于未上市的中小高新技术企业 2 年以上的，可以按照其投资额的 70% 在股权持有满 2 年的当年抵扣该创业投资企业的应纳税所得额；当年不足抵扣的，可以在以后纳税年度结转抵扣。

4.4 会计现场

实际工作中我们应该如何操作呢？一起走进“会计现场”来巩固一下以上所学的知识吧。

4.4.1 企业所得税的计提业务

情景：新手会计阿秀在经理和会计群友的帮助下完成了企业所得税的计提。

人物：经理、阿秀（会计）、蓝一、明月（会计群群友）。

做完 3 月份的最后一笔结转本年利润的凭证，阿秀开始登账了。

阿秀：“经理，3 月份的账都做完了，我现在出报表吗？”

经理：“不急，我还没审核完。”

……

经理：“这个季度是盈利的，你还要计提企业所得税。”

阿秀：“哦，这个我没提过，要附件吗？”

经理：“我发个模板给你，照着填就可以了。”

阿秀打开模板，觉得很熟悉，这不就是企业所得税预缴申报表的上半部分嘛。阿秀从账套里找出数据填了进去。如表 4-3 所示。

表 4-3 企业所得税计算表（20×× 年 1 季度） 单位：元

项目	本期金额	累计金额
营业收入	3 460 122.82	3 460 122.82
营业成本	2 836 828.76	2 836 828.76
利润总额	393 228.48	393 228.48
税率（25%）	25%	25%
应纳所得税额［利润总额 × 税率］	98 307.12	98 307.12
减免企业所得税［应纳所得税额 ×90%］	88 476.41	88 476.41
预缴企业所得税额	0.00	0.00
本期应补（退）所得税额［应纳税所得税额－减免企业所得税－预缴企业所得税额］	9 830.71	9 830.71
中央级收入实际应纳税额［本期应补（退）所得税额 ×60%］	5 898.43	5 898.43
地方级收入应纳税额［本期应补（退）所得税额 ×40%］	3 185.34	3 185.34

续表

项目	本期金额	累计金额
减：民族自治地区企业所得税地方分享部分：[□免征　□减征：减征幅度 1.0%]	3 185.34	3 185.34
地方级收入实际应纳税额［地方级收入应纳税额 - 民族自治地区企业所得税地方分享部分］	0.00	0.00
实际应补（退）所得税额［中央级收入实际应纳税额 + 地方级收入实际应纳税额］	5 898.43	5 898.43

阿秀："经理，那我是按本季金额计提呢还是按累计的金额计提？"

经理："你确定你填对了吗？"

阿秀："我是根据本季金额计提还是根据累计金额计提？"

阿秀在会计工作中一遇到问题，总是习惯性地把问题往鱼姐的会计群里丢。

蓝一："当然是根据累计了。另外你要检查看是否有以前亏损可以弥补。"

明月："还有看以前是否有预缴的。别重复交了。"

阿秀拍了下脑袋，第 1 季度分啥本季、累计，本季、累计的金额不是相等吗？以前年度没有亏损。

经过经理确认后，阿秀编制计提企业所得税的分录。

借：所得税费用　　5 898.43

　　贷：应交税费——应交企业所得税　　5 898.43

经理："别急着编分录，申报缴费后再编，省得差一分两分的又返回改。"

4.4.2 企业所得税（季）的申报业务

情景：蓝玲第一次填写企业所得税季度申报表。

人物：鱼姐、蓝玲、明月、无极（会计群群友）

蓝玲："请问一下群里大神，季度的企业所得税怎么申报？"

鱼姐："问题太泛，不好回答。"

鱼姐上传了一个填表说明。

明月："根据利润表来填，填收入、成本、利润三个数据就可以了。反正我们是亏损……"

蓝玲这才想起计提企业所得税时填的企业所得税计算表。

填进企业所得税季度申报表主表后，其他数据直接生成，如表 4-4 所示。

表 4-4　企业所得税季度申报表（主表）

A200000

中华人民共和国企业所得税月（季）度预缴纳税申报表（A 类）

税款所属时间：自 2023 年 1 月 1 日至 2023 年 3 月 31 日

纳税人识别号（统一社会信用代码）：　91450500987654321

纳税人名称：　×××建筑公司（公章）　　金额单位：人民币元

<table>
<tr><td colspan="10">优惠及附报事项有关信息</td></tr>
<tr><td rowspan="2">项目</td><td colspan="2">一季度</td><td colspan="2">二季度</td><td colspan="2">三季度</td><td colspan="2">四季度</td><td rowspan="2">季度平均值</td></tr>
<tr><td>季初</td><td>季末</td><td>季初</td><td>季末</td><td>季初</td><td>季末</td><td>季初</td><td>季末</td></tr>
<tr><td>从业人数</td><td>20</td><td>20</td><td></td><td></td><td></td><td></td><td></td><td></td><td>20</td></tr>
<tr><td>资产总额（万元）</td><td>320.84</td><td>380.93</td><td></td><td></td><td></td><td></td><td></td><td></td><td>350.89</td></tr>
<tr><td>国家限制或禁止行业</td><td colspan="4">□是☑否</td><td colspan="4">小型微利企业</td><td>☑是□否</td></tr>
<tr><td></td><td colspan="8">附报事项名称</td><td>金额或选项</td></tr>
<tr><td>事项 1</td><td colspan="8">（填写特定事项名称）</td><td></td></tr>
<tr><td>事项 2</td><td colspan="8">（填写特定事项名称）</td><td></td></tr>
</table>

	预缴税款计算	本年累计
1	营业收入	3 460 122.82
2	营业成本	2 836 828.76
3	利润总额	393 228.48
4	加：特定业务计算的应纳税所得额	
5	减：不征税收入	
6	减：资产加速折旧、摊销（扣除）调减额（填写 A201020）	
7	减：免税收入、减计收入、加计扣除（7.1+7.2+⋯）	
7.1	（填写优惠事项名称）	
7.2	（填写优惠事项名称）	
8	减：所得减免（8.1+8.2+⋯）	
8.1	（填写优惠事项名称）	
8.2	（填写优惠事项名称）	
9	减：弥补以前年度亏损	
10	实际利润额（3+4−5−6−7−8−9）\ 按照上一纳税年度应纳税所得额平均额确定的应纳税所得额	393 228.48
11	税率（25%）	25%
12	应纳所得税额（10×11）	98 307.12
13	减：减免所得税额（13.1+13.2+⋯）	88 476.41
13.1	符合条件的小型微利企业减免企业所得税	88 476.41
13.2	（填写优惠事项名称）	

续表

<table>
<tr><td></td><td colspan="3">预缴税款计算</td><td>本年累计</td></tr>
<tr><td>14</td><td colspan="3">减：本年实际已缴纳所得税额</td><td></td></tr>
<tr><td>15</td><td colspan="3">减：特定业务预缴（征）所得税额</td><td></td></tr>
<tr><td>16</td><td colspan="3">本期应补（退）所得税额（12-13-14-15）\ 税务机关确定的本期应纳所得税额</td><td>9 830.71</td></tr>
<tr><td></td><td colspan="3">汇总纳税企业总分机构税款计算</td><td></td></tr>
<tr><td>17</td><td rowspan="4">总机构</td><td colspan="2">总机构本期分摊应补（退）所得税额（18+19+20）</td><td></td></tr>
<tr><td>18</td><td colspan="2">其中：总机构分摊应补（退）所得税额（16× 总机构分摊比例 %）</td><td></td></tr>
<tr><td>19</td><td colspan="2">财政集中分配应补（退）所得税额（16× 财政集中分配比例 %）</td><td></td></tr>
<tr><td>20</td><td colspan="2">总机构具有主体生产经营职能的部门分摊所得税额（16× 全部分支机构分摊比例 % × 总机构具有主体生产经营职能部门分摊比例 %）</td><td></td></tr>
<tr><td>21</td><td>分支机构</td><td colspan="2">分支机构本期分摊比例</td><td></td></tr>
<tr><td>22</td><td></td><td colspan="2">分支机构本期分摊应补（退）所得税额</td><td></td></tr>
<tr><td colspan="5">实际缴纳企业所得税计算</td></tr>
<tr><td>23</td><td colspan="2">减：民族自治地区企业所得税地方分享部分：□免征☑减征幅度__1__%</td><td>本年累计应减免金额［（12-13-15）×40%× 减征幅度］</td><td>3 932.28</td></tr>
<tr><td>24</td><td colspan="3">实际应补（退）所得税额</td><td>5 898.43</td></tr>
<tr><td colspan="5">谨声明：本纳税申报表是根据国家税收法律法规及相关规定填报的，是真实的、可靠的、完整的。
纳税人（签章）： 年 月 日</td></tr>
<tr><td colspan="3">经办人：
经办人身份证号：
代理机构签章：
代理机构统一社会信用代码：</td><td colspan="2">受理人：
受理税务机关（章）：
受理日期： 年 月 日</td></tr>
<tr><td colspan="5">国家税务总局监制</td></tr>
</table>

无级：“还好是小微企业，省了不少税。”

鱼姐：“现在小微企业的税收优惠力度非常大，我们企业是可以在政策允许的范围内享受国家带给我们的减税降费支持。”

4.4.3 企业所得税（年）的申报业务

情景：吴优第一次填写企业所得税年度申报表。

人物：吴优（会计）、经理、小覃（出纳）

经理：“吴优，TW 公司的账简单，调整的内容比较少，你先试着填一下。”

经理知道吴优是第一次填写企业所得税年报，让她练练手。

吴优：“昨天我已经开始填了，只不过调整的那些表格有点疑问。”

吴优递上了自己填写的收入明细表（如表 4-5 所示）、成本支出明细表（如表 4-6 所示）和期间费用明细表（如表 4-7 所示）。

表 4-5　收入明细表

A101010

行次	一般企业收入明细表 项目	单位：元 金额
1	一、营业收入（2+9）	11 674 734.34
2	（一）主营业务收入（3+5+6+7+8）	11 623 396.73
3	1. 销售商品收入	11 623 396.73
4	其中：非货币性资产交换收入	0.00
5	2. 提供劳务收入	0.00
6	3. 建造合同收入	0.00
7	4. 让渡资产使用权收入	0.00
8	5. 其他	0.00
9	（二）其他业务收入（10+12+13+14+15）	51 337.61
10	1. 销售材料收入	51 337.61
11	其中：非货币性资产交换收入	0.00
12	2. 出租固定资产收入	0.00
13	3. 出租无形资产收入	0.00
14	4. 出租包装物和商品收入	0.00
15	5. 其他	0.00
16	二、营业外收入（17+18+19+20+21+22+23+24+25+26）	0.00
17	（一）非流动资产处置利得	0.00
18	（二）非货币性资产交换利得	0.00
19	（三）债务重组利得	0.00
20	（四）政府补助利得	0.00
21	（五）盘盈利得	0.00
22	（六）捐赠利得	0.00
23	（七）罚没利得	0.00
24	（八）确实无法偿付的应付款项	0.00
25	（九）汇兑收益	0.00
26	（十）其他	0.00

表 4-6　成本支出明细表

A102010

行次	一般企业成本支出明细表 项目	单位：元 金额
1	一、营业成本（2+9）	10 471 581.58
2	（一）主营业务成本（3+5+6+7+8）	10 439 039.68
3	1. 销售商品成本	10 439 039.68
4	其中：非货币性资产交换成本	0.00
5	2. 提供劳务成本	0.00
6	3. 建造合同成本	0.00
7	4. 让渡资产使用权成本	0.00
8	5. 其他	0.00

续表

行次	项目	金额
9	（二）其他业务成本（10+12+13+14+15）	32 541.90
10	1. 材料销售成本	32 541.90
11	其中：非货币性资产交换成本	0.00
12	2. 出租固定资产成本	0.00
13	3. 出租无形资产成本	0.00
14	4. 包装物出租成本	0.00
15	5. 其他	0.00
16	二、营业外支出（17+18+19+20+21+22+23+24+25+26）	0.00
17	（一）非流动资产处置损失	0.00
18	（二）非货币性资产交换损失	0.00
19	（三）债务重组损失	0.00
20	（四）非常损失	0.00
21	（五）捐赠支出	0.00
22	（六）赞助支出	0.00
23	（七）罚没支出	0.00
24	（八）坏账损失	0.00
25	（九）无法收回的债券股权投资损失	0.00
26	（十）其他	0.00

表 4-7　期间费用明细表

A104000

期间费用明细表						单位：元	
行次	项目	销售费用	其中：境外支付	管理费用	其中：境外支付	财务费用	其中：境外支付
		1	2	3	4	5	6
1	一、职工薪酬	100 235.70	*	771 921.00	*	*	*
2	二、劳务费					*	*
3	三、咨询顾问费					*	*
4	四、业务招待费		*	21 517.00	*	*	*
5	五、广告费和业务宣传费		*		*	*	*
6	六、佣金和手续费					325.10	
7	七、资产折旧摊销费		*		*	*	*
8	八、财产损耗、盘亏及毁损损失		*		*	*	*
9	九、办公费	4 763.25	*	243 476.13	*	*	*
10	十、董事会费		*		*	*	*
11	十一、租赁费					*	*
12	十二、诉讼费		*		*	*	*

续表

行次	项目	销售费用	其中：境外支付	管理费用	其中：境外支付	财务费用	其中：境外支付
		1	2	3	4	5	6
13	十三、差旅费	6 370.00	*	17 281.59	*	*	*
14	十四、保险费		*		*	*	*
15	十五、运输、仓储费					*	*
16	十六、修理费					*	*
17	十七、包装费		*		*	*	*
18	十八、技术转让费					*	*
19	十九、研究费用					*	*
20	二十、各项税费		*		*	*	*
21	二十一、利息收支	*	*	*	*	−190.80	
22	二十二、汇兑差额	*	*	*	*		
23	二十三、现金折扣	*	*	*	*		*
24	二十四、党组织工作经费	*	*		*	*	*
25	二十五、其他	71 752.68					
26	合计 (1+2+3+…25)	183 121.63	—	1 054 195.72	—	134.30	—

注：* 表示无须填写数据。

经理："这几个直接根据账来填就可以了。TW 公司业务不多，主要是调福利费和招待费。"

吴优："经理，我的工作该从哪里下手呢？"

经理："你先看这个总的调整表（A105000）（参见表 4-9），这张表是自动生成的，比如说要填扣除类的'（二）职工薪酬'，你就得找出括号里的 A105050 这张表来填写……招待费调整只在这张总调整表填……哦，还有些发票不正规的，要剔除出来，这个调整你需要填在第 30 行其他这里。"

吴优点了点头，然后开始填写《职工薪酬支出及纳税调整明细表》（如表 4-8 所示），"工资都发完了，税收和账载的一样，福利费是工资的 14%，超了一点需要做调整。"

表 4-8　职工薪酬支出及纳税调整明细表

A105050

职工薪酬支出及纳税调整明细表　　单位：元

行次	项目	账载金额	实际发生额	税收规定扣除率	以前年度累计结转扣除额	税收金额	纳税调整金额	累计结转以后年度扣除额
		1	2	3	4	5	6（1−5）	7（2+4−5）
1	一、工资薪金支出	1 108 534.70	1 108 534.70	*	*	1 108 534.70	—	*
2	其中：股权激励			*	*			*

续表

行次	项目	账载金额	实际发生额	税收规定扣除率	以前年度累计结转扣除额	税收金额	纳税调整金额	累计结转以后年度扣除额
		1	2	3	4	5	6（1−5）	7（2+4−5）
3	二、职工福利费支出	156 355.20	156 355.20		*	155 194.86	1 160.34	*
4	三、职工教育经费支出			*				
5	其中：按税收规定比例扣除的职工教育经费							
6	按税收规定全额扣除的职工培训费用				*			*
7	四、工会经费支出				*			*
8	五、各类基本社会保障性缴款			*	*			*
9	六、住房公积金			*	*			*
10	七、补充养老保险				*			*
11	八、补充医疗保险				*			*
12	九、其他			*	*			*
13	合计（1+3+4+7+8+9+10+11+12）	1 264 889.90	1 264 889.90	*		1 263 729.56	1 160.34	

注：* 表示无须填写数据。

吴优："业务招待费在所得税税前的扣除标准要看两个数据的比较。第一个数据是业务招待费总额的 60%。如公司全年发生的业务招待费为 21 517 元，能在所得税前扣除的金额最多就是 21 517×60%=12 910.2 元。第二个数据是公司营业收入的 5‰。如公司全年的营业收入为 11 674 734.34 元，能在所得税前扣除的业务招待费最多只能为 11 674 734.34×5‰ =58 373.67 元。上述两个数据孰低，业务招待费就以其为标准进行扣除。"

小覃："你嘀咕啥呢。"

吴优："我再复习下业务招待费的扣除标准。你以前做会计时填过吗？"

小覃："当时是我们主管填的，我只是辅助，比如查找凭证里哪些发票是不合规的。"

吴优："正好，这个经验我没有，咱们一起找吧。"

吴优和小覃找了好几个小时，终于完成了这张纳税调整项目明细表（如表 4-9 所示）。

表 4-9　纳税调整项目明细表

A105000

纳税调整项目明细表　　单位：元

行次	项目	账载金额 1	税收金额 2	调增金额 3	调减金额 4
1	一、收入类调整项目（2+3+…+8+10+11）	*	*		
2	（一）视同销售收入（填写 A105010）	*			*
3	（二）未按权责发生制原则确认的收入（填写 A105020）				
4	（三）投资收益（填写 A105030）				
5	（四）按权益法核算长期股权投资对初始投资成本调整确认收益	*	*	*	
6	（五）交易性金融资产初始投资调整	*	*		*
7	（六）公允价值变动净损益		*		
8	（七）不征税收入	*	*		
9	其中：专项用途财政性资金（填写 A105040）	*	*		
10	（八）销售折扣、折让和退回				
11	（九）其他				
12	二、扣除类调整项目（13+14+…+24+26+27+28+29+30）	*	*		
13	（一）视同销售成本（填写 A105010）	*		*	
14	（二）职工薪酬（填写 A105050）	1 264 889.90	1 263 729.56	1 160.34	
15	（三）业务招待费支出	21 517.00	12 910.20	8 606.80	*
16	（四）广告费和业务宣传费支出（填写 A105060）	*	*		
17	（五）捐赠支出（填写 A105070）				
18	（六）利息支出				
19	（七）罚金、罚款和被没收财物的损失		*		*
20	（八）税收滞纳金、加收利息		*		*
21	（九）赞助支出		*		*
22	（十）与未实现融资收益相关在当期确认的财务费用				
23	（十一）佣金和手续费支出				*
24	（十二）不征税收入用于支出所形成的费用	*	*		*
25	其中：专项用途财政性资金用于支出所形成的费用（填写 A105040）	*	*		*
26	（十三）跨期扣除项目				
27	（十四）与取得收入无关的支出		*		*
28	（十五）境外所得分摊的共同支出	*	*		*
29	（十六）党组织工作经费				
30	（十七）其他	18 235.20		18 235.20	

续表

行次	项目	账载金额	税收金额	调增金额	调减金额
		1	2	3	4
31	三、资产类调整项目（32+33+34+35）	*	*		
32	（一）资产折旧、摊销（填写 A105080）				
33	（二）资产减值准备金		*		
34	（三）资产损失（填写 A105090）				
35	（四）其他				
36	四、特殊事项调整项目（37+38+…+42）	*	*		
37	（一）企业重组及递延纳税事项（填写 A105100）				
38	（二）政策性搬迁（填写 A105110）	*	*		
39	（三）特殊行业准备金（39.1+39.2+39.4+39.5+39.6+39.7）	*	*		
39.1	1. 保险公司保险保障基金				
39.2	2. 保险公司准备金				
39.3	其中：已发生未报案未决赔款准备金				
39.4	3. 证券行业准备金				
39.5	4. 期货行业准备金				
39.6	5. 中小企业融资（信用）担保机构准备金				
39.7	6. 金融企业、小额贷款公司准备金（填写 A105120）	*	*		
40	（四）房地产开发企业特定业务计算的纳税调整额（填写 A105010）	*			
41	（五）合伙企业法人合伙人应分得的应纳税所得额				
42	（六）发行永续债利息支出				
43	（七）其他	*	*		
44	五、特别纳税调整应税所得	*	*		
45	六、其他	*	*		
46	合计（1+12+31+36+44+45）	*	*	28 002.34	

注：* 表示无须填写数据。

主表的数据是根据这些明细表、调整表来填的，如表 4-10 所示。

表 4-10　主表

中华人民共和国企业所得税年度纳税申报表（A 类）　　单位：元

行次	类别	项目	金额
1	利润总额计算	一、营业收入（填写 A101010\101020\103000）	11 674 734.34
2		减：营业成本（填写 A102010\102020\103000）	10 471 581.58
3		减：税金及附加	20 453.60
4		减：销售费用（填写 A104000）	183 121.63
5		减：管理费用（填写 A104000）	1 054 195.72

续表

行次	类别	项目	金额
6	利润总额计算	减：财务费用（填写 A104000）	134.30
7		减：资产减值损失	
8		加：公允价值变动收益	
9		加：投资收益	
10		二、营业利润（1-2-3-4-5-6-7+8+9）	
11		加：营业外收入（填写 A101010\101020\103000）	
12		减：营业外支出（填写 A102010\102020\103000）	
13		三、利润总额（10+11-12）	−54 752.49
14	应纳税所得额计算	减：境外所得（填写 A108010）	
15		加：纳税调整增加额（填写 A105000）	28 002.34
16		减：纳税调整减少额（填写 A105000）	
17		减：免税、减计收入及加计扣除（填写 A107010）	
18		加：境外应税所得抵减境内亏损（填写 A108000）	
19		四、纳税调整后所得（13−14+15−16−17+18）	−26 750.15
20		减：所得减免（填写 A107020）	
21		减：弥补以前年度亏损（填写 A106000）	
22		减：抵扣应纳税所得额（填写 A107030）	
23		五、应纳税所得额（19−20−21−22）	−26 750.15
24	应纳税额计算	税率（25%）	25%
25		六、应纳所得税额（23×24）	
26		减：减免所得税额（填写 A107040）	
27		减：抵免所得税额（填写 A107050）	
28		七、应纳税额（25−26−27）	
29		加：境外所得应纳所得税额（填写 A108000）	
30		减：境外所得抵免所得税额（填写 A108000）	
31		八、实际应纳所得税额（28+29−30）	
32		减：本年累计实际已缴纳的所得税额	
33		九、本年应补（退）所得税额（31−32）	
34		其中：总机构分摊本年应补（退）所得税额（填写 A109000）	
35		财政集中分配本年应补（退）所得税额（填与 A109000）	
36		总机构主体生产经营部门分摊本年应补（退）所得税额（填写 A109000）	
37	实际应纳税额计算	减：民族自治地区企业所得税地方分享部分：（☐免征 ☐减征：减征幅度 ___%）	
38		十、本年实际应补（退）所得税额（33−37）	

最后是填写弥补亏损表，如表 4-11 所示。

表 4-11　企业所得税弥补亏损明细表

A106000

企业所得税弥补亏损明细表　　　　单位：元

行次	项目	年度	当年境内所得额	分立转出的亏损额	合并、分立转入的亏损额			弥补亏损企业类型	当年亏损额	当年待弥补的亏损额	用本年度所得额弥补的		当年可结转以后年度弥补的亏损额
					可弥补年限 5 年	可弥补年限 8 年	可弥补年限 10 年				使用境内所得弥补	使用境外所得弥补	
		1	2	3	4	5	6	7	8	9	10	11	12
1	前十年度												
2	前九年度												
3	前八年度												
4	前七年度												
5	前六年度												
6	前五年度												
7	前四年度												
8	前三年度												
9	前二年度												
10	前一年度												
11	本年度	2021	−26 750.15					100 一般企业	−26 750.15				−26 750.15
12	可结转以后年度弥补的亏损额合计												−26 750.15

实际填得不多，可是吴优却花了差不多一天的时间。

吴优："经理，我填完了，您帮我看一下。"

经理："你自己拿去对比一下吧，我早上填的。"

其实，经理早就填好了，只不过给吴优一次动手操作的机会。

吴优："经理，那我也试着把其他公司的年报给做一遍，您抽空指教一下呗。"

经理："好勤快的优优。"

第 5 章
与收入息息相关的“个人所得税”

企业所得税针对的是企业，而个人所得税（简称个税）的主要征收对象就是个人了。

2018 年《个人所得税法》的修正，也就是《个人所得税法》自 1980 年出台以来第七次大修，对于起征点、税率、专项扣除等都做了很大的修改，新个税法于 2019 年 1 月 1 日起施行。

5.1 什么情况下需要缴纳个人所得税

5.1.1 个人所得税纳税人

个人所得税的纳税义务人具体包括中国公民、个体工商户、外籍个人以及中国香港、澳门、台湾同胞等。个人独资企业和合伙企业不缴纳企业所得税，而是对投资者个人或自然人合伙人取得的生产经营所得征收个人所得税。

5.1.2 居民纳税人和非居民纳税人

按类型个税纳税人可以分为居民纳税人和非居民纳税人，它们的判定标准和纳税义务各有不同，如表 5-1 所示。

表 5-1 划分标准和纳税义务

类型	判定标准	纳税义务
居民纳税人	在中国境内有住所的个人	从中国境内和境外取得的所得，依照个税法规定缴纳个人所得税
	在中国境内无住所而一个纳税年度内在中国境内居住累计满一百八十三天的个人	
非居民纳税人	在中国境内无住所又不居住的个人	从中国境内取得的所得，依照个税法规定缴纳个人所得税
	在中国境内无住所而且一个纳税年度内在中国境内居住累计不满一百八十三天的个人	

注：在中国境内有住所，是指因户籍、家庭、经济利益关系而在中国境内习惯性居住。
纳税年度，自公历一月一日起至十二月三十一日止。

比如，中国居民张某，在境外工作，不能只就来源于中国境外的所得征收个人所得税。虽然在境外工作，但张某（住所地在中国）仍属于我国个人所得税居民纳税人，应当就其来源于中国境内和境外的所得向中国政府履行全面纳税义务。

5.1.3 所得来源地的确定

（1）除国务院财政、税务主管部门另有规定外，下列所得，不论支付地点是否在中国境内，均为来源于中国境内的所得

① 因任职、受雇、履约等在中国境内提供劳务取得的所得。

② 将财产出租给承租人在中国境内使用而取得的所得。

③ 许可各种特许权在中国境内使用而取得的所得。

④ 转让中国境内的不动产等财产或者在中国境内转让其他财产取得的所得。

⑤ 从中国境内企业、事业单位、其他组织以及居民个人取得的利息、股息、红利所得。

（2）下列所得，为来源于中国境外的所得

① 因任职、受雇、履约等在中国境外提供劳务取得的所得。

② 中国境外企业以及其他组织支付且负担的稿酬所得。

③ 许可各种特许权在中国境外使用而取得的所得。

④ 在中国境外从事生产、经营活动而取得的与生产、经营活动相关的所得。

⑤ 从中国境外企业、其他组织以及非居民个人取得的利息、股息、红利所得。

⑥ 将财产出租给承租人在中国境外使用而取得的所得。

⑦ 转让中国境外的不动产、转让对中国境外企业以及其他组织投资形成的股票、股权以及其他权益性资产（简称“权益性资产”）或者在中国境外转让其他财产取得的所得。但转让对中国境外企业以及其他组织投资形成的权益性资产，该权益性资产被转让前 3 年（连续 36 个公历月份）内的任一时间，被投资企业或其他组织的资产公允价值 50% 以上直接或间接来自位于中国境内的不动产的，取得的所得为来源于中国境内的所得。

⑧ 中国境外企业、其他组织以及非居民个人支付且负担的偶然所得。

⑨ 财政部、税务总局另有规定的，按照相关规定执行。

5.2 个人所得税如何核算

按应纳税所得来划分，个人所得税共分为工资薪金所得、劳务报酬所得、稿酬所得、特许权使用费所得、经营所得、利息股息红利所得、财产租赁所得、财产转让所得、偶然所得九个应税项目。

新个税法规定的“综合所得”也就是以上的工资薪金所得、劳务报酬所得、稿酬所得、特许权使用费所得，居民个人取得“综合所得”，应按纳税年度合并计算个人所得税。

本节主要介绍“工资薪金”所得税的计算。

5.2.1 “工资薪金所得”项目包括哪些内容

工资薪金所得，即指个人因任职或受雇而取得的工资、薪金、奖金、劳动分红、津贴、补贴以及与任职或者受雇有关的其他所得。

（1）不征收个人所得税情形

下列项目不属于工资、薪金性质的补贴、津贴，不征收个人所得税：

① 独生子女补贴。

② 执行公务员工资制度未纳入基本工资总额的补贴、津贴差额和家属成员的副食补贴。

③ 托儿补助费。

④ 差旅费津贴、误餐补助（不包括单位以误餐补助名义发给职工的补助、津贴）。

⑤ 按照国务院规定发给的政府特殊津贴、院士津贴、资深院士津贴，以及国务院规定免纳个人所得税的其他补贴、津贴。

⑥ 财政部税务总局公告2025年第6号《财政部税务总局关于育儿补贴有关个人所得税政策的公告》对按照育儿补贴制度规定发放的育儿补贴免征个人所得税。

答会计问

问：差旅费、误餐补助要不要并入工资征收个人所得税？

答：差旅费津贴不属于工资性质的补贴、津贴，不征税。但企业以差旅费津贴名义发放其他补贴、津贴的，应当并入工资、薪金所得计征个人所得税；不征税的误餐补助，是指按财政部门规定，个人因公在城区、郊区工作，不能在工作单位或返回就餐，确实需要在外就餐的，根据实际误餐顿数，按规定的标准领取的误餐费。但是一些单位以误餐补助名义发给职工的补贴、津贴，应当并入当月工资、薪金所得计征个人所得税。

（2）“工资薪金”的特殊规定

对于以下的几种“工资薪金”，新个税法有着特殊规定。

① 个人因与用人单位解除劳动关系而取得的一次性补偿收入：个人因与用人单位解除劳动关系而取得的一次性补偿收入（包括用人单位发放的经济补偿金、生活补助费和其他补助费用），其收入超过当地上年职工平均工资3倍数额部分的一次性补偿收入，可视为一次取得数月的工资、薪金收入，允许在一定期限内平均计算。个人领取一次性补偿收入时，按照国家和地方政府规定的比例实际缴纳的住房公积金、医疗保险费、基本养老保险费、失业保险费可以在计征其一次性补偿收入的个人所得税时予以扣除。

② 离退休人员取得的收入：退休人员除按规定领取退休金或养老金外，再任职取得的收入，符合相关条件的，在减除按税法规定的费用扣除标准后，按“工资薪金所得”项目缴纳个人所得税。

离退休人员除按规定领取离退休工资或养老金外，另从原任职单位取得的各类补贴、奖金、实物，不属于免税的退休金、离休工资、离休生活补助费，应按“工资薪金所得”项目缴纳个人所得税。

③ 个人取得公务交通、通信补贴收入：个人因公务用车和通信制度改革而取得的公务用车、通信补贴收入，扣除一定标准的公务费用后，按照“工资、薪金所得”计征个人所得税。

④ 保险金。

a. 企事业单位和个人超过规定的比例和标准缴付的基本养老保险费、基本医疗保险费和失业保险费，应将超过部分并入个人当期的工资、薪金收入，计征个人所得税。

b. 单位和个人超过规定比例和标准缴付的住房公积金，应将超过部分并入个人当期的工资、薪金收入，计征个人所得税。

c. 企业为员工支付各项免税之外的保险金，应在企业向保险公司缴付时并入员工当期的工资收入，按“工资、薪金所得”计征个人所得税，税款由企业负责扣缴。

⑤ 兼职律师：兼职律师从律师事务所取得工资、薪金性质的所得，律师事务所应预扣预缴其个人所得税，不再减除个人所得税法规定的费用扣除标准，以收入全额（取得分成收入的为扣除办理案件支出费用后的余额）直接确定适用预扣率，计算扣缴个人所得税。

⑥ 科技人员的现金奖励：依法批准设立的非营利性研究开发机构和高等学校根据《中华人民共和国促进科技成果转化法》规定，从职务科技成果转化收入中给予科技人员的现金奖励，可减按50%计入科技人员当月“工资、薪金所得”，依法缴纳个人所得税。

答会计问

问：企业年金、职业年金如何征缴个税？

答：企业和事业单位超过国家有关政策规定的标准，为在本单位任职或者受雇的全体职工缴付的企业年金或职业年金（以下统称年金）单位缴费部分，应并入个人当期的工资薪金所得，依法计征个人所得税。税款由建立年金的单位代扣代缴，并向主管税务机关申报解缴。

个人根据国家有关政策规定缴付的年金个人缴费部分，超过本人缴费工资计税基数的4%的部分，应并入个人当期的工资薪金所得，依法计征个人所得税。税款由建立年金的单位代扣代缴，并向主管税务机关申报解缴。

个人达到国家规定的退休年龄之后按月领取的年金，按照“工资、薪金所得”项目适用的税率，计征个人所得税；按年或按季领取的年金，平均分摊计入各月，每月领取额按照“工资、薪金所得”项目适用的税率，计征个人所得税。

答会计问

问：发放临时工的工资如何缴纳个税？

答：企业的临时工分为有雇佣关系的和非雇佣关系的，一般是按是否与企业签订劳动合同为判断依据，未签订劳动合同的即是非雇佣关系的临时工。一些不合规的企业即使是雇佣关系也不签订合同的，就以是否与企业存在工资、考勤方面的关系来判断了。

有雇佣关系的，其为单位工作取得的报酬属于工资薪金所得项目，按照“工资、薪金所得”计算个人所得税，由支付的企业代扣代缴；没有雇佣关系的，即以个人名义临时到企业取得报酬属于劳务报酬所得，按“劳务报酬所得”计算个人所得税，由支付的企业到税务机关代开劳务发票的同时代扣代缴。

5.2.2 专项附加扣除有哪些

个人所得税专项附加扣除，是指个人所得税法规定的子女教育、继续教育、大病医疗、住房贷款利息和住房租金、赡养老人、婴幼儿照护七项专项附加扣除。

5.2.2.1 子女教育

（1）定义

子女教育专项附加扣除是指纳税人的子女接受全日制学历教育的相关支出。学历教育包括义务教育（小学、初中教育）、高中阶段教育（普通高中、中等职业、技工教育）、高等教育（大学专科、大学本科、硕士研究生、博士研究生教育），除此，纳税人年满 3 岁至小学入学前处于学前教育阶段的子女的相关支出，也可以按照标准定额扣除的。

答会计问

问：孩子上学放寒暑假，能否享受连续扣除？

答：可以。另外，孩子因病休学但学籍继续保留期间，也能享受扣除。

答会计问

问：孩子已满 3 岁，由于身体或其他原因没上幼儿园，能否享受扣除？

答：可以。纳税人年满 3 岁至小学入学前处于学前教育阶段的子女的相关支出，均可享受扣除。

（2）扣除标准

子女教育专项附加的扣除标准就是每个子女每月 2 000 元，所以每个月父母此项附加扣除的金额就是按“子女数量与 2 000 的乘积”来计算。当然，父母可以选择由其中一方按扣除标准的 100% 扣除，也可以选择由双方分别按扣除标准的 50% 扣除，但是具体扣除方式在一个纳税年度内不能变更。

（3）扣除凭证

子女在中国境内接受教育的，不需要留存任何资料。纳税人子女在中国境外接受教育的，纳税人应当留存境外学校录取通知书、留学签证等相关教育的证明资料备查。

举个例子：

小白和小张夫妻是双职工，育有一儿一女，大女儿就读小学，儿子 2 岁读幼儿园小班。

那么，这个扣除标准里子女数量只能是一个（大女儿），因为儿子未满 3 岁，不符合“纳税人年满 3 岁至小学入学前处于学前教育阶段的子女的相关支出”，所以扣除金额就是 2 000 元（即使大女儿放寒暑假，也是可以享受扣除标准的）。

小白和小张商量，各按标准的 50% 扣除。所以，从 2023 年起，小白、小张的工资里的专项附加扣除里的子女教育一项，分别扣除 1 000 元。未满 3 岁儿子发生支出需通过婴幼儿照护专项附加扣除中扣除。

5.2.2.2 继续教育

（1）定义

继续教育专项附加扣除是指纳税人接受继续教育的相关支出。继续教育包括纳税人在中国境内接受学历（学位）继续教育和技能人员职业资格继续教育、专业技术人员职业资格继续教育。

（2）扣除标准

① 纳税人在中国境内接受学历（学位）继续教育的支出：在学历（学位）教育期间按照 400 元 / 月定额扣除，同一学历（学位）继续教育的扣除期限不能超过 48 个月。

② 纳税人接受技能人员职业资格继续教育、专业技术人员职业资格继续教育的支出：在取得相关证书的当年，按照 3 600 元（300 元 / 月）定额扣除。

纳税人在接受本科及以下学历（学位）继续教育，符合扣除条件的，可以选择由其父母按“子女教育”专项附加扣除，也可以选择由本人按“继续教育”专项附加扣除。

（3）扣除凭证

纳税人接受技能人员职业资格继续教育、专业技术人员职业资格继续教育的，应当留存相关证书等资料备查。

举个例子：

小张的全日制的学历只有高中，这几年通过参加成人高考，取得了大专学历，目前继续攻读本科。所以，从 2023 年起，小张就可以按 400 元 / 月的继续教育附加扣除标准来扣除了。

5.2.2.3 大病医疗

（1）定义

大病医疗专项附加扣除指纳税人发生的与基本医保相关的医药费支出。

（2）扣除标准

在一个纳税年度内，纳税人发生的与基本医保相关的医药费用支出，扣除医保报销后个人负担（指医保目录范围内的自付部分）累计超过 15 000 元的部分，由纳税人在办理年度汇算清缴时，在 80 000 元限额内据实扣除。

纳税人发生的医药费用支出可以选择由本人或者其配偶扣除；未成年子女发生的医药费用支出可以选择由其父母一方扣除。

（3）扣除凭证

纳税人应当留存医药服务收费及医保报销相关票据原件或复印件，或者医疗保障部门出具的医药费用清单等资料备查。医疗保障部门应当向患者提供在医疗保障信息系统记录的本人年度医药费用信息查询服务。

5.2.2.4 住房贷款利息

（1）定义

住房贷款利息附加扣除是指纳税人本人或者配偶单独或者共同使用商业银行或者住房公积金个人住房贷款为本人或者其配偶购买中国境内住房，发生的首套住房贷款利息支出。

“首套住房贷款”是指购买住房享受首套住房贷款利率的住房贷款。贷款算首次贷款就可以满足这个专项扣除条件，首套住房贷款可以通过查阅贷款合同（协议），或者向办理贷款的银行、住房公积金中心进行咨询。目前这项按照“认贷不认房”的方式确定，因为国内房产的首套有些地区目前没有办法确定。比如有的房子是小产权，或者大队的房产、公产、企业产等房产都无法确定。

（2）扣除标准

住房贷款利息的扣除标准即在实际发生贷款利息的年度，按照 1 000 元 / 月的标准定额扣除，扣除期限最长不超过 240 个月（也就是 20 年）。比如，张三从 2023 年 1 月 1 日开始偿还首套房房贷，需要 25 年还清，最后 5 年是不能享受住房贷款利息扣除的。

当然，这个首套住房贷款的利息扣除纳税人只能享受一次。

经夫妻双方约定，可以选择由其中一方扣除，具体扣除方式在一个纳税年度内不能变更。

夫妻双方婚前分别购买住房发生的首套住房贷款，其贷款利息支出，婚后可以选择其中一套购买的住房，由购买方按扣除标准的 100% 扣除，也可以由夫妻双方对各自购买的住房分别按扣除标准的 50% 扣除，具体扣除方式在一个纳税年度内不能变更。

（3）扣除凭证

纳税人应当留存住房贷款合同、贷款还款支出凭证备查。

答会计问

问：夫妻双方婚前分别购买住房的首套住房贷款如何扣除？商业银行或住房公积金个人住房贷款是否都能扣除？

答：①婚后可选择一套，由购买方扣除 1 000 元/月，也可以由夫妻对各自购买的住房分别扣除 500 元/月。②商业银行或住房公积金个人住房贷款都能扣除。

5.2.2.5 住房租金

（1）定义

住房租金附加扣除指纳税人在主要工作城市没有自有住房而发生的住房租金支出。

（2）扣除标准

住房租金按所在地来判定扣除标准：

① 租房所在地在直辖市、省会（首府）城市、计划单列市以及国务院确定的其他城市的，扣除标准为 1 500 元/月。

② 租房所在地在除上一项所列城市以外，市辖区户籍人口超过 100 万的城市的，扣除标准为 1 100 元/月。

③ 租房所在地在市辖区户籍人口不超过 100 万的城市的，扣除标准为 800 元/月。

纳税人的配偶在纳税人的主要工作城市有自有住房的，要视同纳税人在主要工作城市有自有住房，就不能以本款来扣除了。

夫妻双方主要工作城市相同的，只能由一方扣除住房租金支出。住房租金支出由签订租赁住房合同的承租人扣除。纳税人及其配偶在一个纳税年度内不能同时分别享受住房贷款利息和住房租金专项附加扣除。

（3）扣除凭证

纳税人应当留存住房租赁合同、协议等有关资料备查。

答会计问

问：如果张三从 2023 年 1 月起支付房屋租金，但 3 月才将相关信息报送单位，1 月、2 月房屋租金能否补扣？

答：可以。在一个纳税年度内，如果没有及时将扣除信息报送任职受雇单位，以致在预扣时未享受扣除或未足额享受扣除的，可以在当年剩余月份内向单位申请补充扣除，也可以在次年3月1日至6月30日期间，向汇缴地的主管税务机关进行汇算清缴申报时办理扣除。

5.2.2.6 赡养老人

（1）定义

赡养老人附加扣除是指纳税人赡养老人的相关支出。"被赡养人"是指年满60岁的父母，以及子女均已去世的年满60岁的祖父母、外祖父母。

（2）扣除标准

纳税人赡养一位及以上被赡养人的赡养支出，统一按照如下标准定额扣除：

① 纳税人为独生子女的，按照每月3 000元的标准定额扣除。

② 纳税人为非独生子女的，由其与兄弟姐妹分摊每月3 000元的扣除额度，每人分摊的额度不能超过每月1 500元。可以由赡养人均摊或者约定分摊，也可以由被赡养人指定分摊。约定或者指定分摊的须签订书面分摊协议，指定分摊优先于约定分摊。具体分摊方式和额度在一个纳税年度内不能变更。

答会计问

问：姐妹二人共同赡养父母，每月赡养老人分摊扣除额度可否为1 800元、1 200元？

答：不可以，非独生子女，与兄弟姐妹分摊每月3 000元的扣除额度，每人分摊的额度不能超过每月1 500元。

（3）扣除凭证

独生子女不需要留存赡养老人支出凭证，非独生子女需签订书面分摊协议。

5.2.2.7 婴幼儿照护

（1）定义

婴幼儿照护附加扣除指纳税人照护3岁以下婴幼儿子女的相关支出。

（2）扣除标准

婴幼儿照护附加扣除按照每个婴幼儿每月2 000元的标准定额扣除。

父母可以选择由其中一方按扣除标准的100%扣除，也可以选择由双方分别按扣除标准的 50% 扣除，具体扣除方式在一个纳税年度内不能变更。

5.2.3 “工资薪金所得”如何计算个人所得税

作为税务会计，主要掌握“工资薪金所得”的计算。

5.2.3.1 累计预扣法

从 2019 年 1 月 1 日起，扣缴义务人向居民个人支付工资、薪金所得时，应当按照“累计预扣法”计算预扣税款，并按月办理全员全额扣缴申报。

（1）累计预扣定义

个人所得税累计预扣的方法跟企业所得税差不多。查账征收的企业所得税涉及的利润总额是以“累计”来计算的，而个人所得税计算中相应的“收入”“减除费用”“累计专项扣除”等项目也要在累计的基础上来计算。

（2）公式

本期应预扣预缴税额 =（累计预扣预缴应纳税所得额 × 预扣率 − 速算扣除数）− 累计减免税额 − 累计已预扣预缴税额

累计预扣预缴应纳税所得额 = 累计收入 − 累计免税收入 − 累计减除费用 − 累计专项扣除 − 累计专项附加扣除 − 累计依法确定的其他扣除

公式中“累计减除费用”按照 5 000 元 / 月乘以纳税人当年截至本月在本单位的任职受雇月份数计算。

上述公式中，计算居民个人工资、薪金所得预扣预缴税额的预扣率、速算扣除数，按个人所得税预扣率表一（如表 5-2 所示）执行。

表 5-2　个人所得税预扣率表一

（居民个人工资、薪金所得预扣预缴适用）

级数	累计预扣预缴应纳税所得额	预扣率 /%	速算扣除数
1	不超过 36 000 元的部分	3	0
2	超过 36 000 元至 144 000 元的部分	10	2 520
3	超过 144 000 元至 300 000 元的部分	20	16 920
4	超过 300 000 元至 420 000 元的部分	25	31 920
5	超过 420 000 元至 660 000 元的部分	30	52 920
6	超过 660 000 元至 960 000 元的部分	35	85 920
7	超过 960 000 元的部分	45	181 920

举个例子：

甲公司职员张某，2023 年 1 月取得工资薪金收入 16 600 元。其专项扣除及附加扣除情况如下：

专项扣除情况：其上一年度月平均工资为 15 000 元，所在地区上年职工月平均工资为 4 000 元，当地规定的社会保险和住房公积金个人缴存比例为：基本养老保险 8%，基本医疗保险 2%，失业保险 0.5%。

附加扣除情况：育有一女初中在读，本人参加本科学历教育，有住房贷款利息，独生子女，父母均年过 60 岁。

那么，张某 2023 年 1 月应预扣预缴的个人所得税的计算步骤如下：

① 确定社保基数：张某上一年度平均工资为 15 000 元，高于所在地区上年职工月平均工资（4 000 元）300%，所以，以所在地区上年职工月平均工资 300%（4 000×300%=12 000 元）作为缴费基数。

② 计算专项扣除（社保）：

专项扣除 =12 000×（8%+2%+0.5%）=1 260（元）

③ 计算专项附加扣除：

1×2 000（子女教育）+400（继续教育）+1 000（住房贷款利息）+3 000（赡养老人）=6 400（元）

④ 计算累计预扣预缴应纳税所得额：

累计预扣预缴应纳税所得额 = 累计收入（1 月的收入额）- 累计减除费用（5 000 元）- 累计专项扣除（1 260 元）- 累计专项附加扣除（6 400 元）= 16 600-5 000-1 260-6 400=3 940（元）

⑤ 计算本期应预扣预缴税额：

本期（1 月）应预扣预缴税额 = 累计预扣预缴应纳税所得额 × 预扣率 - 速算扣除数 =3 940×3%-0=118.2（元）

假设 2023 年 2 月份，张某取得的工资薪金收入是 14 500 元，那么张某该月份应预扣预缴的个人所得税计算步骤如下：

累计预扣预缴应纳税所得额 = 累计收入（1 月收入 16 600 元 +2 月收入 14 500 元）- 累计减除费用（5 000 元 ×2）- 累计专项扣除（1 260 元 ×2）- 累计专项附加扣除（6 400 元 ×2）=31 100-10 000-2 520-12 800=5 780（元）

本期（2 月）应预扣预缴税额 =（累计预扣预缴应纳税所得额 × 预扣率 - 速

算扣除数）- 累计已预扣预缴税额 =（5 780×3%-0）-118.20=55.20（元）

5.2.3.2 年终奖的计算

（1）计算方法

对于年终奖（全年一次性奖金），目前不用并入当年综合所得，即计税时可以不按“累计预扣法”计算，也可以选择并入当年综合所得中，按“累计预扣法”来计算。

（2）计算公式

对于取得全年一次性奖金选择不并入当年综合所得的，个人所得税的计算公式为：

应纳税额 = 全年一次性奖金收入 × 适用税率 - 速算扣除数

公式中适用税率、速算扣除数即以全年一次性奖金收入除以 12 个月得到的数额，查询按月换算后的综合所得税率表（如表 5-3 所示）确定。

表 5-3 按月换算后的综合所得税率表

级数	全月应纳税所得额（含税级距）	税率 /%	速算扣除数
1	不超过 3 000 元的部分	3	0
2	超过 3 000 元至 12 000 元的部分	10	210
3	超过 12 000 元至 25 000 元的部分	20	1 410
4	超过 25 000 元至 35 000 元的部分	25	2 660
5	超过 35 000 元至 55 000 元的部分	30	4 410
6	超过 55 000 元至 80 000 元的部分	35	7 160
7	超过 80 000 元的部分	45	15 160

举个例子：

假设年终奖 24 000 元，24 000 除以 12 等于 2 000 元，对应税率为 3%，速算扣除数为 0，计算个人所得税 =24 000×3%=720（元）。

假设年终奖 120 000 元，120 000 除以 12 等于 10 000 元，对应税率为 10%，速算扣除数为 210，计算个人所得税 =120 000×10%-210=11 790（元）。

5.2.4 个人所得税如何进行账务处理

个人所得税业务，须设置“应交税费”会计科目进行账务处理。不要以为个人所得税是代扣代缴的，就设置“其他应收款”或“其他应付款”会计科目进行账务处理。

（1）个人所得税的计提（工资发放）

借：应付职工薪酬

　　贷：应交税费——应交个人所得税 / 银行存款等

（2）申报扣款时

借：应交税费——应交个人所得税

　　贷：银行存款

举个例子：

2023 年 2 月，发放张某 1 月份工资 16 600 元，扣除社保个人部分 1 260 元，代扣个税 178.20 元，银行实际发放 15 161.80 元。会计分录为：

借：应付职工薪酬——工资	16 600	
贷：其他应收款——社保及公积金（个人）		1 260
应交税费——个人所得税		178.20
银行存款		15 161.80

次月，申报并缴纳个税 178.20 元成功后，会计分录为：

借：应交税费——个人所得税	178.20	
贷：银行存款		178.20

5.3 个人所得税的征收管理及税收优惠

5.3.1 个人所得税的征收管理

（1）纳税申报

① 个人所得税以所得人为纳税人，以支付所得的单位或者个人为扣缴义务人。

② 扣缴税款。

a. 扣缴义务人应当按照国家规定办理全员全额扣缴申报，并向纳税人提供其个人所得和已扣缴税款等信息。

b. 扣缴义务人每月或者每次预扣、代扣的税款，应当在次月 15 日内缴入国库，并向税务机关报送扣缴个人所得税申报表。

c. 对扣缴义务人按照所扣缴的税款，付给 2% 手续费。

③ 有下列情形之一的，纳税人应当依法办理纳税申报：

a. 取得综合所得需要办理汇算清缴。

b. 取得应税所得没有扣缴义务人。

c. 取得应税所得，扣缴义务人未扣缴税款。

d. 取得境外所得。

e. 因移居境外注销中国户籍。

f. 非居民个人在中国境内从两处以上取得工资、薪金所得。

g. 国务院规定的其他情形。

（2）汇算清缴

① 是否需要汇算清缴。

a. 居民个人取得综合所得，按年计算个人所得税；有扣缴义务人的，由扣缴义务人按月或按次预扣预缴税款；需要办理汇算清缴的，应当在取得所得的次年3月1日至6月30日内办理汇算清缴。

b. 非居民个人取得工资、薪金所得，劳务报酬所得，稿酬所得和特许权使用费所得，有扣缴义务人的，由扣缴义务人按月或者按次代扣代缴税款，不办理汇算清缴。

c. 纳税人取得经营所得，按年计算个人所得税，由纳税人在月度或者季度终了后15日内向税务机关报送纳税申报表，并预缴税款；在取得所得的次年3月31日前办理汇算清缴。

d. 纳税人取得利息、股息、红利所得，财产租赁所得，财产转让所得和偶然所得，按月或者按次计算个人所得税，有扣缴义务人的，由扣缴义务人按月或者按次代扣代缴税款，不办理汇算清缴。

② 纳税人可以委托扣缴义务人或者其他单位和个人办理汇算清缴。

（3）纳税人取得应税所得没有扣缴义务人的

应当在取得所得的次月15日内向税务机关报送纳税申报表，并缴纳税款。

（4）纳税人取得应税所得扣缴义务人未扣缴税款的

纳税人应当在取得所得的次年6月30日前，缴纳税款；税务机关通知限期缴纳的，纳税人应当按照期限缴纳税款。

（5）居民个人从中国境外取得所得的

应当在取得所得的次年3月1日至6月30日内申报纳税。

（6）纳税人因移居境外注销中国户籍的

应当在注销中国户籍前办理税款清算。

5.3.2 个人所得税的税收优惠

个人所得税的优惠包括免税、减税和暂免征税三种政策。

（1）免税项目

① 省级人民政府、国务院部委和中国人民解放军军以上单位，以及外国组织、国际组织颁发的科学、教育、技术、文化、卫生、体育、环境保护等方面的奖金。

② 国债和国家发行的金融债券的利息。

③ 按照国务院规定发给的政府特殊津贴、院士津贴，以及国务院规定免纳个人所得税的其他补贴、津贴。

④ 福利费、抚恤金、救济金。

⑤ 保险赔款。

⑥ 军人的转业费、复员费、退役金。

⑦ 按照国家统一规定发给干部、职工的安家费、退职费、基本养老金或者退休费、离休费、离休生活补助费。

⑧ 依照有关法律规定应予免税的各国驻华使馆、领事馆的外交代表、领事官员和其他人员的所得。

⑨ 中国政府参加的国际公约、签订的协议中规定免税的所得。

⑩ 国务院规定的其他免税所得（由国务院报全国人民代表大会常务委员会备案）。

（2）减税项目

① 残疾、孤老人员和烈属的所得。

② 因自然灾害遭受重大损失的。

③ 国务院可以规定其他减税情形，报全国人民代表大会常务委员会备案。

（3）其他免税和暂免（不）征税项目（包括但不限于）

① 企业依照国家有关法律规定宣告破产，企业职工从该破产企业取得的一次性安置费收入，免予征收个人所得税。

② 对被拆迁人依照相关规定的标准取得的拆迁补偿款，免征个人所得税。

③ 个人领取原提存的住房公积金、基本医疗保险金、基本养老保险金，以及失业保险金，免予征收个人所得税。

④ 对工伤职工及其近亲属按照规定取得的工伤保险待遇，免征个人所得税。

⑤ 个体工商户、个人独资企业和合伙企业或个人从事种植业、养殖业、饲

养业、捕捞业取得的所得，暂不征收个人所得税。

5.4 会计现场

实际工作中我们应该如何操作呢？一起走进“会计现场”来巩固一下以上所学的知识吧。

5.4.1 个人所得税的计提业务

启丽：“准备过节了，老大说了，今天发 8 月份工资过中秋。”

佳佳：“那你 8 月份的工资表弄好了没？”

启丽：“昨晚发到你邮箱了，没收到？”

佳佳：“你的个税有点问题，返回去改改。”

启丽：“我是按你发来的模板做的，去年都对得上。”

佳佳：“早就要增加一个‘婴幼儿照护’附加扣除了，去年不是让你收集员工资料了嘛。”

最后还是佳佳惯性地对行政部发来的 8 月份工资表作了调整。

艾某累计预扣预缴应纳税所得额 = 累计收入 − 累计扣除

=43 000−21 320

=21 680

属于个税表的第 1 级累计预扣预缴应纳税所得额不超过 36 000 元的部分，预扣率 3%，速算扣除数为 0。

艾某本期应预扣预缴税额

=（累计预扣预缴应纳税所得额 × 预扣率 − 速算扣除数）− 累计已预扣预缴税额

=（21 680×3%−0）−265.20

=385.20

自调自审，佳佳还用计算器单挑了扣减个税的审核。

然后走绿色通道经相关领导人员审批后，出纳小谭终于赶在下班前到银行发放了工资。

第二天，出纳交来了转账支票存根（如图 5.1 所示）、进账单（如图 5.2 所示）和工资表（如表 5-4 所示）。

中国农业银行
转账支票存根
CX 00987654
02
附加信息

出票日期 2023年 2月 14日
收款人：×××机器公司工资户
金额：279007.60
用途： 2023年1月工资
单位主管 会计

图 5.1 转账支票存根

中国农业银行广西分行进账单（收账通知） 3

2023年 2月 14日

出票人	全称	×××机器公司	收款人	全称	×××机器公司工资户
	账号	20717601040×××××		账号	
	开户银行	中国农业银行广西北海市某支行		开户银行	中国农业银行广西北海市某支行
金额	人民币（大写）	贰拾柒万玖仟零柒元陆角整		亿千百十万千百十元角分	¥ 2 7 9 0 0 7 6 0
票据种类	转账支票	票据张数 1			
票据号码	00987654				
复核： 记账：					开户银行签章

此联是银行交给收款人的收账通知

图 5.2 进账单

佳佳："小谭，银行的发放明细呢？"

出纳小谭："哦，今天这么赶，银行肯发就已经不错了，明细还没打，打好后我再去拿。"

佳佳根据这些单据写了会计分录后，交给出纳。

借：应付职工薪酬——工资　　311 000

　　贷：其他应付款——社保个人部分　　30 943

　　　　应交税费——应交个人所得税　　1 839

　　　　银行存款——农行　　278 218

佳佳："明细拿回来后你记得及时夹进去。"

佳佳以前也是出纳，对这些小事都用小本子给记起来。做了会计后，还经常提醒出纳。

5.4.2 个人所得税的申报业务

这天刚开完会，鱼姐才打开微信，鱼姐的财税群已经聊开了。

网友 1："现在 3 月份不是申报 2 月份的个税？"

网友 2："是 2 月。"

网友 1："那刚才为什么说是 1 月的工资？"

网友 3："报 2 月，不是报 1 月。"

网友 1："2 月到底是报 1 月还是 2 月？难道我一直报错的？"

网友 2："申报的是 2 月的个税，1 月的工资。报了好几年了。"

表 5-4　工资表

×××机器公司 2023 年 1 月工资表

姓名	基本工资	出勤天数 / 工时	考勤 / 工时工资	岗位工资	绩效工资	加班工资	其他	应发工资合计	免征额	专项扣除（社保）	专项附加扣除	扣除合计	工资累计	扣除累计	前 1 个月个税累计	个人所得税	其他扣款	实发工资
艾某	15 000.00	16	15 000.00	500.00	8 000.00			23 500.00	5 000.00	1 260.00	4 400.00	10 660.00	43 000.00	21 320.00	265.20	385.20		21 854.80
赵某	30 000.00	16	30 000.00	500.00	2 000.00			32 500.00	5 000.00	1 260.00	4 100.00	10 360.00	68 000.00	20 720.00	754.20	1 453.80		29786.20
朱某	6 000.00	16	6 000.00	500.00	1 000.00	2 000.00		9 500.00	5 000.00	630.00	4 300.00	9 930.00	17 000.00	19 860.00	0.00	0.00		8870.00
刘某	4 000.00	16	4 000.00	500.00	1 000.00			5 500.00	5 000.00	420.00	3 100.00	8 520.00	11 000.00	17 040.00	0.00	0.00		5080.00
孙某	5 000.00	16	5 000.00	500.00	2 000.00	2 000.00		9 500.00	5 000.00	525.00	4 100.00	9 625.00	16 000.00	19 250.00	0.00	0.00		8975.00
钱某	7 000.00	16	7 000.00	500.00	1 000.00			8 500.00	5 000.00	735.00	4 300.00	10 035.00	17 000.00	20 070.00	0.00	0.00		7765.00
秦某	3 000.00	16	3 000.00	500.00	1 000.00	2 000.00		6 500.00	5 000.00	315.00	5 100.00	10 415.00	11 000.00	20 830.00	0.00	0.00		6185.00
陈某	2 000.00	16	2 000.00	500.00	1 000.00	2 000.00		5 500.00	5 000.00	252.00	4 300.00	9 552.00	9 000.00	19 104.00	0.00	0.00		5248.00
周某	7 000.00	16	7 000.00	500.00	1 000.00			8 500.00	5 000.00	735.00	4 100.00	9 835.00	17 000.00	19 670.00	0.00	0.00		7765.00
吴某	4 000.00	16	4 000.00	500.00	1 000.00	2 000.00		7 500.00	5 000.00	420.00	4 100.00	9 520.00	13 000.00	19 040.00	0.00	0.00		7080.00
合计	243 000.00		243 000.00	23 000.00	45 000.00			311 000.00	200 000.00	30 943.00	120 000.00	350 943.00	613 952.00	701 886.00	0.00	1 839.00		278 218.00

鱼姐：“个人所得税，即个人在申报期内所得到工资要交的税。对于工资当月发放（如2月发放2月工资）的企业，3月申报2月份个人所得税时，即申报的是2月份的工资；大多数企业是次月发放上月工资（2月发放1月工资），那么3月申报2月份个人所得税时，即申报的是1月份工资。”

网友1：“明白了。谢谢鱼姐。”

网友2：“我们是次月发放工资的。不过我们年前就发1月份工资了，等于是1月份收到了2022年12月和2023年1月的工资，那我2月份申报1月份个税岂不是要加起来计算？”

鱼姐：“是这样的。然后你2月就不发放工资了，3月份申报2月份个税时要零申报，因为你2月没有所得。”

网友2：“那我搞错了，还好现在可以在系统里直接作废修改。”

鱼姐：“其实，现在是累计预缴的，个税金额是不变的。”

……

小宁：“鱼姐，为什么我填好的专项附加导入系统弹出‘[×××] 文件导入失败：文件读取失败’的提示？”

鱼姐：“你看一下文件是否可以打开，要不你重新从云盘里下载，看能否打开，不行的话拿U盘再去行政部那里重新拷贝，确认可以打开后应该可以导入了。”

小宁：“那‘[×××] 文件导入失败，纳税人信息在系统中不存在，无法导入’的提示又是什么意思？”

鱼姐：“上个月导入都没问题呀。哦，可能是有新员工，没在系统中录入，你先在‘人员信息采集’菜单中增加纳税人信息，再导入。”

鱼姐对于申报工作已经很熟练了，在她的指引下，小宁顺利地完成了个人所得税的申报工作。导出的个税申报表如表5-5所示。

最后，是编制的会计分录。

借：应交税费——应交个人所得税　　　　　　　　1 839

　　贷：银行存款——农行　　　　　　　　　　　　1 839

小宁：“这是个税申报表，这是会计凭证，鱼姐帮看一下我做得对不对。”

鱼姐：“嗯，先放这里。”

表 5-5 个人所得税扣缴申报表

税款所属期：2023 年 02 月 01 日至 2023 年 02 月 28 日

扣缴义务人名称：××× 机器公司

扣缴义务人纳税人识别号（统一社会信用代码）：91450521ABCD888888

序号	姓名	身份证件类	身份证件号	纳税人识别号	是否为非居民个人	所得项目	本月（次）情况														累计情况										减按计税比例	准予扣除的捐赠额	税款计算							备注
							收入额计算			减除费用	专项扣除				其他扣除						累计收入额	累计减除费用	累计专项扣除	累计专项附加扣除						累计其他扣除			应纳税所得额	税率/预扣率	速算扣除数	应纳税额	减免税额	已缴税额	应补/退税额	
							收入	费用	免税收入		基本养老保险	基本医疗保险	失业保险费	住房公积金	年金	商业健康保险	税延养老保险	财产原值	允许扣除的税费	其他				子女教育	赡养老人	住房贷款利息	住房租金	继续教育	累计3岁以下婴幼儿照护											
1	2	3	4	5	6	7	8	9	10	11	12	13	14	15	16	17	18	19	20	21	22	23	24	25	26	27	28	29	30	31	32	33	34	35	36	37	38	39	40	41
1	艾某	居民身份证	452730199908088888	452730199908088888	否	正常工资薪金	23 500	0	0	5 000	960	240	60	0	0	0	0	0	0	0	43 000	10 000	2 520	2 000	4 000	2 000	0	800	0	8 800	100%	0	21 680	3%	0	0	0	265.2	385.2	
2	赵某	居民身份证	452730197711188888	452730197711188888	否	正常工资薪金	32 500	0	0	5 000	960	240	60	0	0	0	0	0	0	0	68 000	10 000	2 520	4000	2 000	0	1 600	600	0	8 200	100%	0	47 280	10%	2 520	0	0	754.2	1 453.8	
3	朱某	居民身份证	452730199810288888	452730199810288888	否	正常工资薪金	9 500	0	0	5 000	480	120	30	0	0	0	0	0	0	0	17 000	10 000	1 260	2 000	4 000	2 000	0	600	0	8 600	100%	0		3%	0	0	0	0	0	
4	刘某	居民身份证	452730189811088888	452730189811088888	否	正常工资薪金	5 500	0	0	5 000	320	80	20	0	0	0	0	0	0	0	11 000	10 000	840	0	4 000	0	1 600	600	0	6 200	100%	0		3%	0	0	0	0	0	
5	孙某	居民身份证	452730198803088888	452730198803088888	否	正常工资薪金	9 500	0	0	5 000	400	100	25	0	0	0	0	0	0	0	16 000	10 000	1 050	2 000	4 000	0	1 600	600	0	8 200	100%	0		3%	0	0	0	0	0	
6	钱某	居民身份证	452730189411188888	452730189411188888	否	正常工资薪金	8 500	0	0	5 000	560	140	35	0	0	0	0	0	0	0	17 000	10 000	1 470	4 000	2 000	2 000	0	600	0	8 600	100%	0		3%	0	0	0	0	0	
7	秦某	居民身份证	452730199210188888	452730199210188888	否	正常工资薪金	6 500	0	0	5 000	240	60	15	0	0	0	0	0	0	0	11 000	10 000	630	6 000	2 000	0	1 600	600	0	10 200	100%	0		3%	0	0	0	0	0	
8	陈某	居民身份证	452730198710288888	452730198710288888	否	正常工资薪金	5 500	0	0	5 000	192	48	12	0	0	0	0	0	0	0	9 000	10 000	504	2 000	4 000	2 000	0	600	0	8 600	100%	0		3%	0	0	0	0	0	
9	周某	居民身份证	452730199504188888	452730199504188888	否	正常工资薪金	8 500	0	0	5 000	560	140	35	0	0	0	0	0	0	0	17 000	10 000	1 470	2000	4 000	0	1 600	600	0	8 200	100%	0		3%	0	0	0	0	0	
10	吴某	居民身份证	45273019911088888	45273019911088888	否	正常工资薪金	7 500	0	0	5 000	320	80	20	0	0	0	0	0	0	0	13 000	10 000	840	2 000	4 000	0	1 600	600	0	8 200	100%	0		3%	0	0	0	0	0	
合计							117 000	0	0	5 0000	4 992	1 248	312	0	0	0	0	0	0	0	222000	10 0000	13 104	26000	34 000	8 000	9 600	6 200	0	83800	—	0	68 960	—	—	0	0	10194	1 839	

谨声明：本扣缴申报表是根据国家税收法律法规及相关规定填报的。是真实的、可靠的、完整的。

扣缴义务人（签章）：　　年　月　日

理机构签章：代理机构统一社会信用代码：经办人签字：经办人身份证件号码：

受理人：受理税务机关（章）：受理日期　年　月　日

第6章 其他应重视的税种

作为税务会计，除了前5章所提及的各项税种外，工作中还会碰到如印花税、房产税、土地使用税等小税种。本章主要介绍不常见税种的纳税人、会计核算、征收管理及税收优惠。

6.1 印花税

印花税是一个古老的税种，源于荷兰，当时人们在日常生活中使用契约、借贷凭证类的单据越来越多，然后就根据凭证的经济价值征收税收，即持有凭证、签订契约的交易双方，也认为凭证单据上如果能够由政府盖个印（印了朵花），成为政府承认的合法凭证，在遇到纠纷、诉讼、争议时就可以有法律保障。在这种背景下，印花税就应运而生了。

6.1.1 印花税的纳税人有哪些

印花税的纳税人包括：

① 在中华人民共和国境内书立应税凭证（包括《印花税法》所附“印花税税目税率表”列明的合同、产权转移书据和营业账簿）的单位和个人，也称“立合同人（书立经济合同的各方当事人）、立账簿人（开立并使用营业账簿的单位和个人）、立据人（书立产权转移书据的单位和个人）”。

② 在中华人民共和国境内进行证券交易的单位和个人，证券交易印花税对证券交易的出让方征收，不对受让方征收。

③ 在中华人民共和国境外书立、领受，在境内使用的应税凭证的单位和个人，也称“使用人”。

如果一份合同或应税凭证由两方或两方以上当事人共同签订，签订合同或应税凭证的各方都是纳税人，所以都得就其所持合同或应税凭证的计税金额履行纳税义务。

书立应税合同的当事人（对凭证有直接权利义务关系）是印花税的纳税人，但合同的担保人、证人、鉴定人不属于立合同人，不缴纳印花税。

对纳税人以电子形式签订的各类应税凭证按规定征收印花税，以电子形式签订的各类应税凭证的当事人，也属于印花税的纳税人。

答会计问

问：没有签订合同的业务需要缴印花税吗？按什么来缴印花税？

答：印花税是针对具有合同性质的凭证征税，比如具有合同效力的协议、合约、单据、发票、收付款凭证等等。即使双方没有签订正式的合同，但只要有合同性质的这些凭证也应该缴印花税。这种情况可按主营业务收入的比例计算申报印花税（按税务局要求）。

6.1.2 印花税如何核算

6.1.2.1 印花税的税率

根据我国税收法律法规的规定，印花税的详细税目、税率和纳税义务人如表 6-1 所示。

表 6-1 印花税税目税率表

（2022 版，2022 年 7 月 1 日起执行）

<table>
<tr><th colspan="2">税目</th><th>税率</th><th>备注</th></tr>
<tr><td rowspan="11">合同（指书面合同）</td><td>借款合同</td><td>借款金额的万分之零点五</td><td>指银行业金融机构、经国务院银行业监督管理机构批准设立的其他金融机构与借款人（不包括同业拆借）的借款合同</td></tr>
<tr><td>融资租赁合同</td><td>租金的万分之零点五</td><td>—</td></tr>
<tr><td>买卖合同</td><td>价款的万分之三</td><td>指动产买卖合同（不包括个人书立的动产买卖合同）</td></tr>
<tr><td>承揽合同</td><td>报酬的万分之三</td><td>—</td></tr>
<tr><td>建设工程合同</td><td>价款的万分之三</td><td>—</td></tr>
<tr><td>运输合同</td><td>运输费用的万分之三</td><td>指货运合同和多式联运合同（不包括管道运输合同）</td></tr>
<tr><td>技术合同</td><td>价款、报酬或者使用费的万分之三</td><td>不包括专利权、专有技术使用权转让书据</td></tr>
<tr><td>租赁合同</td><td>租金的千分之一</td><td>—</td></tr>
<tr><td>保管合同</td><td>保管费的千分之一</td><td>—</td></tr>
<tr><td>仓储合同</td><td>仓储费的千分之一</td><td>—</td></tr>
<tr><td>财产保险合同</td><td>保险费的千分之一</td><td>不包括再保险合同</td></tr>
<tr><td rowspan="4">产权转移书据</td><td>土地使用权出让书据</td><td>价款的万分之五</td><td rowspan="4">转让包括买卖（出售）、继承、赠与、互换、分割</td></tr>
<tr><td>土地使用权、房屋等建筑物和构筑物所有权转让书据（不包括土地承包经营权和土地经营权转移）</td><td>价款的万分之五</td></tr>
<tr><td>股权转让书据（不包括应缴纳证券交易印花税的）</td><td>价款的万分之五</td></tr>
<tr><td>商标专用权、著作权、专利权、专有技术使用权转让书据</td><td>价款的万分之三</td></tr>
<tr><td colspan="2">营业账簿</td><td>实收资本（股本）、资本公积合计金额的万分之二点五</td><td>—</td></tr>
<tr><td colspan="2">证券交易</td><td>成交金额的千分之一</td><td>—</td></tr>
</table>

答会计问

问：同一份合同上记载了属于不同印花税税目（如购销、加工、运输等项目）的事项，应当如何缴纳印花税？

答：根据《中华人民共和国印花税法》规定："同一凭证，因载有两个或者两个以上经济事项而适用不同税目税率，如分别记载金额的，应当分别计算应纳税额，相加后按合计税额贴花；如未分别记载金额的，按税率高的计税贴花。"

6.1.2.2 印花税的应纳税额

① 计算公式：应纳税额＝计税依据 × 税率。

② 关于计税依据的基本规定：

a. 应税合同的计税依据，为合同所列的金额，不包括列明的增值税税款；合同中价款或者报酬与增值税税款未分开列明的，按照合计金额确定。

b. 应税产权转移书据的计税依据，为产权转移书据所列的金额，不包括列明的增值税税款；产权转移书据中价款与增值税税款未分开列明的，按照合计金额确定。

c. 应税营业账簿的计税依据，为账簿记载的实收资本（股本）、资本公积合计金额。

d. 证券交易的计税依据，为成交金额。

③ 列明金额的处理。

a. 应税合同、产权转移书据。

• 应税合同、产权转移书据未列明金额的，印花税的计税依据按照实际结算的金额确定。

• 计税依据按照上述规定仍不能确定的，按照书立合同、产权转移书据时的市场价格确定；依法应当执行政府定价或者政府指导价的，按照国家有关规定确定。

b. 证券交易。证券交易无转让价格的，按照办理过户登记手续时该证券前一个交易日收盘价计算确定计税依据；无收盘价的，按照证券面值计算确定计税依据。

④ 同一应税凭证载有两个以上税目事项并分别列明金额的，按照各自适用

的税目税率分别计算应纳税额；未分别列明金额的，从高适用税率。

⑤ 同一应税凭证由两方以上当事人书立的，按照各自涉及的金额分别计算应纳税额。

⑥ 已缴纳印花税的营业账簿，以后年度记载的实收资本（股本）、资本公积合计金额比已缴纳印花税的实收资本（股本）、资本公积合计金额增加的，按照增加部分计算应纳税额。

6.1.2.3 印花税的账务处理

印花税相关业务，须设置“应交税费”“税金及附加”会计科目进行账务处理。

（1）按合同自贴花印花税（按次计征），缴纳时

借：税金及附加——印花税

　　贷：银行存款

（2）汇总缴纳印花税（按季、按年计征）

① 计提印花税：

借：税金及附加——印花税

　　贷：应交税费——应交印花税

② 缴纳印花税：

借：应交税费——应交印花税

　　贷：银行存款

6.1.3 印花税的征收管理及税收优惠

6.1.3.1 征收管理

（1）纳税地点

① 纳税人为单位的，应当向其机构所在地的主管税务机关申报缴纳印花税。

② 纳税人为个人的，应当向应税凭证书立地或者纳税人居住地的主管税务机关申报缴纳印花税。

③ 不动产产权发生转移的，纳税人（不论单位还是个人）应当向不动产所在地的主管税务机关申报缴纳印花税。

（2）扣缴义务人

① 纳税人为境外单位或者个人，在境内有代理人的，以其境内代理人为扣

缴义务人；在境内没有代理人的，由纳税人自行申报缴纳印花税。

② 证券登记结算机构为证券交易印花税的扣缴义务人，应当向其机构所在地的主管税务机关申报解缴税款以及银行结算的利息。

（3）纳税义务发生时间

① 印花税的纳税义务发生时间为纳税人书立应税凭证或者完成证券交易的当日。

② 证券交易印花税扣缴义务发生时间为证券交易完成的当日。

（4）纳税申报期限

① 印花税实行按季、按年计征的，纳税人应当自季度、年度终了之日起15日内申报缴纳税款；实行按次计征的，纳税人应当自纳税义务发生之日起15日内申报缴纳税款。

② 证券交易印花税按周解缴。证券交易印花税扣缴义务人应当自每周终了之日起5日内申报解缴税款以及银行结算的利息。

（5）缴纳方式

① 印花税可以采用粘贴印花税票或者由税务机关依法开具其他完税凭证的方式缴纳。

② 印花税票粘贴在应税凭证上的，由纳税人在每枚税票的骑缝处盖戳注销或者画销。

6.1.3.2 税收优惠

（1）《印花税法》规定的免税凭证

① 应税凭证的副本或者抄本。

② 依照法律规定应当予以免税的外国驻华使馆、领事馆和国际组织驻华代表机构为获得馆舍书立的应税凭证。

③ 中国人民解放军、中国人民武装警察部队书立的应税凭证。

④ 农民、家庭农场、农民专业合作社、农村集体经济组织、村民委员会购买农业生产资料或者销售农产品书立的买卖合同和农业保险合同。

⑤ 无息或者贴息借款合同、国际金融组织向中国提供优惠贷款书立的借款合同。

⑥ 财产所有权人将财产赠与政府、学校、社会福利机构、慈善组织书立的产权转移书据。

⑦ 非营利性医疗卫生机构采购药品或者卫生材料书立的买卖合同。

⑧ 个人与电子商务经营者订立的电子订单。

(2) 印花税的备案

根据国民经济和社会发展的需要，国务院对居民住房需求保障、企业改制重组、破产、支持小型微型企业发展等情形可以规定减征或者免征印花税，报全国人民代表大会常务委员会备案。

(3)《印花税法》以外其他文件规定的税收优惠政策（包括但不限于）

① 对铁路、公路、航运、水路承运快件行李、包裹开具的托运单据，暂免贴花。

② 对企业车间、门市部、仓库设置的不属于会计核算范围的账簿，不贴印花。

③ 对运输、仓储、保管、财产保险、银行借款等，办理一项业务，既书立合同，又开立单据的，只就合同贴花，所开立的各类单据，不再贴花。

④ 纳税人已履行并贴花的合同，发现实际结算金额与合同所载金额不一致的，一般不再补贴印花。

⑤ 抢险救灾物资运输结算凭证，免征印花税。

⑥ 出版合同、代理单位与委托单位之间签订的委托代理合同，不征收印花税。

答会计问

问：一式四份的合同都要贴花吗？

答："已缴纳印花税的凭证的副本或者抄本，免征印花税。"但是以副本或者抄本视同正本使用的，应另贴印花。所以，一式四份的合同只需要贴花一次，申报一次

6.2 房产税

房产税是一种财产税，它是以房屋为征税对象，按房屋的计税余值或租金收入为计税依据，向产权所有人征收的一种税。

6.2.1 什么情况下需要缴房产税

(1) 纳税人

房产税的纳税人，是指在我国城市、县城、建制镇和工矿区内"拥有房屋产权"的单位和个人。

① 产权属于国家所有的，其经营管理的单位为纳税人；产权属于集体和个

人所有的，集体单位和个人为纳税人。

② 产权出典 / 出租的，承典人 / 出租人为纳税人。

③ 产权所有人、承典人均不在房产所在地的，房产代管人或者使用人为纳税人。

④ 产权未确定以及租典纠纷未解决的，房产代管人或者使用人为纳税人。

⑤ 纳税单位和个人无租使用房产管理部门、免税单位及纳税单位的房产，由使用人（纳税单位和个人）代为缴纳房产税。

答会计问

问：企业停产闲置未用的房产，是否需要缴纳房产税?

答：根据财税〔2004〕140 号文件，企业停产后闲置的房产不再享受免税优惠，仍需按规定缴纳房产税。

（1）例外情况（可申请减免的情形）

虽然一般停产闲置房产需缴税，但在某些特殊情况下，企业可申请房产税困难减免，例如：

① 破产程序中的企业，资产不足清偿债务且房产闲置的，可申请免征破产期间的房产税。

② 遭受重大自然灾害或不可抗力，导致企业无力缴税的，可申请减免。

③ 承担公共服务职能的企业（如供水、供电等），若执行政府定价且亏损的，可申请减免。

（2）其他可免征房产税的情形

① 房屋大修停用半年以上，经税务机关审核，可免征大修期间的房产税。

② 危险房屋或经鉴定损坏不堪使用的房屋，可申请免征房产税。

除非符合上述特殊减免条件，否则企业停产后闲置的房产仍需缴纳房产税。如需申请减免，需向税务机关提交相关证明并获批。

（2）征税范围

① 房产税的征税范围为城市、县城、建制镇和工矿区的房屋。

② 独立于房屋之外的建筑物，如围墙、烟囱、水塔、菜窖、室外游泳池等不属于房产税的征税对象。

③ 房地产开发企业建造的商品房，在出售前，不征收房产税，但对出售前房地产开发企业已使用或出租、出借的商品房应按规定征收房产税。

6.2.2　房产税如何核算

6.2.2.1　房产税的计算

房产税的计税方法有“从价计征”和“从租计征”两种，自用房产采用的是“从价（房产原值）计征”，出租房产采用“从租（租金）计征”，具体计算如表6-2所示。

表6-2　房产税的计算

<table>
<tr><th>计税方法</th><th>计税依据</th><th colspan="2">税率</th><th>计税公式</th></tr>
<tr><td>从价计征</td><td>以房产原值一次减除10%～30%后的余值为计税依据（具体扣除比例由省、自治区、直辖市人民政府确定）</td><td colspan="2">1.2%</td><td>应纳税额＝应税房产原值×（1−扣除比例）×1.2%</td></tr>
<tr><td rowspan="3">从租计征</td><td rowspan="3">以房屋出租取得的不含增值税租金收入为计税依据（包括货币收入和实物收入）</td><td>一般情况</td><td>12%</td><td rowspan="3">应纳税额＝不含增值税的租金收入×12%或4%</td></tr>
<tr><td>个人出租住房（不区分用途）</td><td rowspan="2">4%</td></tr>
<tr><td>企事业单位、社会团体以及其他组织向个人、专业化规模化住房租赁企业出租住房</td></tr>
</table>

举个例子：

2023年1月1日，甲公司出租办公室一间，租期1年（至2023年12月31日租期届满），一次性收取含增值税租金240 000元。增值税征收率为5%，房产税从租计征的税率为12%。那么甲公司出租办公室应缴纳房产税税额为：240 000÷（1+5%）×12%＝27428.57（元）

甲公司还要按办公室的原值来缴纳房产税，该办公室原值为100 000元的房产，房产税税率为1.2%，房产税减除比例为30%。甲企业该房产年应缴纳房产税税额为：100 000×（1−30%）×1.2%＝840（元）。

（1）房产原值

① 房产原值，是指纳税人按照会计制度规定，在账簿固定资产科目中记载的房屋原价（不扣减折旧额）。

② 房产原值应包括与房屋不可分割的各种附属设备或一般不单独计算价值的配套设施（如暖气，卫生、通风、照明、煤气等设备，各种管线，电梯、升降机、过道、晒台等）。

③ 凡以房屋为载体，不可随意移动的附属设备和配套设施，如给排水、采暖、消防、中央空调、电气及智能化楼宇设备等，无论在会计核算中是否单独记

账与核算，都应计入房产原值，计征房产税。

④ 纳税人对原有房屋进行改建、扩建的，要相应增加房屋的原值。对更换房屋附属设备和配套设施的，在将其价值计入房产原值时，可扣减原来相应设备和设施的价值；对附属设备和配套设施中易损坏、需要经常更换的零配件，更新后不再计入房产原值。

（2）投资联营的房产

① 真投资：被投资方交、从价计征　对以房产投资联营、投资者参与投资利润分红、共担风险的，按房产余值作为计税依据计缴房产税。

② 假投资：投资方 / 产权人交、从租计征　对以房产投资收取固定收入、不承担经营风险的，实际上是以联营名义取得房屋租金，应当以出租方取得的不含增值税的租金收入为计税依据计缴房产税。

（3）融资租赁房屋：由承租人交、从价计征

融资租赁房屋的房产税，由承租人自融资租赁合同约定开始日的次月起依照房产余值缴纳房产税。合同未约定开始日的，由承租人自合同签订的次月起依照房产余值缴纳房产税。

6.2.2.2　房产税的账务处理

房产税相关业务，须设置“应交税费——应交房产税”“税金及附加——房产税”会计科目进行账务处理。

（1）计提房产税

借：税金及附加——房产税

　　贷：应交税费——应交房产税

（2）缴纳房产税

借：应交税费——应交房产税

　　贷：银行存款

6.2.3　房产税的征收管理及税收优惠

6.2.3.1　征收管理

（1）纳税义务发生时间

① 纳税人将原有房产用于生产经营，从生产经营之月起，缴纳房产税。

② 纳税人自行新建房屋用于生产经营，从建成之次月起，缴纳房产税。

③ 纳税人委托施工企业建设的房屋，从办理验收手续之次月起，缴纳房产税。

④ 纳税人购置新建商品房，自房屋交付使用之次月起，缴纳房产税。

⑤ 纳税人购置存量房，自办理房屋权属转移、变更登记手续，房地产权属登记机关签发房屋权属证书之次月起，缴纳房产税。

⑥ 纳税人出租、出借房产，自交付出租、出借房产之次月起，缴纳房产税。

⑦ 房地产开发企业自用、出租、出借本企业建造的商品房，自房屋使用或交付之次月起，缴纳房产税。

⑧ 纳税人因房产的实物或权利状态发生变化而依法终止房产税纳税义务的，其应纳税款的计算截止到房产的实物或权利状态发生变化的当月末。

（2）纳税地点

房产税在房产所在地缴纳；房产不在同一地方的纳税人，应按房产的坐落地点分别向房产所在地的税务机关申报纳税。

（3）纳税期限

房产税实行按年计算、分期缴纳的征收方法，具体纳税期限由省、自治区、直辖市人民政府确定。

6.2.3.2 税收优惠

① 非营利性机构自用房产。

a. 国家机关、人民团体、军队自用的房产免征房产税。

b. 由国家财政部门拨付事业经费（全额或差额）的单位（学校、医疗卫生单位、托儿所、幼儿园、敬老院以及文化、体育、艺术类单位）所有的、本身业务范围内使用的房产免征房产税。

c. 宗教寺庙、公园、名胜古迹自用的房产免征房产税。

d. 对非营利性医疗机构、疾病控制机构和妇幼保健机构等卫生机构自用的房产，免征房产税。

e. 老年服务机构自用的房产免征房产税。

② 个人所有非营业用的房产免征房产税；对个人拥有的营业用房或者出租的房产，不属于免税房产，应照章征税。

③ 自 2021 年 10 月 1 日起，对企事业单位、社会团体以及其他组织向个人、专业化规模化住房租赁企业出租住房的，减按 4% 的税率征收房产税。

④ 毁损不堪居住的房屋和危险房屋，经有关部门鉴定，在停止使用后，可免征房产税。

⑤ 纳税人因房屋大修导致连续停用半年以上的，在房屋大修期间免征房产税。

⑥ 在基建工地为基建工地服务的各种工棚、材料棚、休息棚和办公室、食堂、茶炉房、汽车房等临时性房屋。

a. 施工期间：一律免征房产税。

b. 工程结束后：施工企业将这种临时性房屋交还或估价转让给基建单位的，应从基建单位接收的次月起，照章纳税。

⑦ 对高校学生公寓免征房产税。

⑧ 对公共租赁住房免征房产税。

⑨ 体育场馆的房产税优惠政策：

a. 国家机关、军队、人民团体、财政补助事业单位、居民委员会、村民委员会拥有的体育场馆，用于体育活动的房产，免征房产税。

b. 经费自理事业单位、体育社会团体、体育基金会、体育类民办非企业单位拥有并运营管理的体育场馆，符合相关条件的，其用于体育活动的房产，免征房产税。

c. 企业拥有并运营管理的大型体育场馆，其用于体育活动的房产，减半征收房产税。

⑩ 自 2019 年 1 月 1 日至 2027 年供暖期结束，对向居民供热收取采暖费的供热企业，为居民供热所使用的厂房免征房产税；对供热企业其他厂房，应当按照规定征收房产税。对专业供热企业，按其向居民供热取得的采暖费收入占全部采暖费收入的比例，计算免征的房产税。

6.3 土地使用税

城镇土地使用税，就是以属于城镇土地使用税征收范围的土地作为课税对象，以使用土地的单位和个人为纳税人的税种。

6.3.1 什么情况下需要缴土地使用税

（1）纳税人

城镇土地使用税的纳税人，是指在城市、县城、建制镇、工矿区范围内使用土地的单位和个人。根据用地者的不同情况分别确定为：

① 城镇土地使用税由拥有土地使用权的单位或者个人缴纳。

② 拥有土地使用权的纳税人不在土地所在地的，由代管人或者实际使用人缴纳。

③ 土地使用权未确定或者权属纠纷未解决的，由实际使用人纳税。

④ 土地使用权共有的，共有各方均为纳税人，由共有各方按实际使用土地的面积占总面积的比例分别缴纳。

（2）征税范围

凡在城市、县城、建制镇和工矿区范围内的土地，不论是属于国家所有的土地，还是集体所有的土地，都属于城镇土地使用税的征税范围。

6.3.2 土地使用税如何核算

6.3.2.1 土地使用税的计算

（1）计算公式

年应纳税额＝实际占用应税土地面积（平方米）× 适用税额

注：不论“自用”还是“出租”还是其他用途，均属于实际占用；实际占用的土地面积≠建筑面积、使用面积等。

（2）计税依据

城镇土地使用税的计税依据：纳税人实际占用的土地面积。

① 凡由省级人民政府确定的单位组织测定土地面积的，以测定的土地面积为准。

② 尚未组织测定，但纳税人持有政府部门核发的土地使用证书的，以证书确定的土地面积为准。

③ 尚未核发土地使用证书的，应当由纳税人据实申报土地面积，并据以纳税，待核发土地使用证书后再作调整。

（3）税率

城镇土地使用税实行有幅度的差别定额税率，即采用有幅度的差别税额，而且每个幅度税额的差距为 20 倍。城镇土地使用税每平方米年税额标准具体规定如下。

① 大城市：1.5 ～ 30 元；

② 中等城市：1.2 ～ 24 元；

③ 小城市：0.9 ～ 18 元；

④ 县城、建制镇、工矿区：0.6 ～ 12 元。

注：县城、建制镇、工矿区 0.6 ～ 12 元的税额区间，应由当地政府，根据市政建设状况、经济繁荣程度等条件，确定所辖地区的适用税额幅度。当地政府应当根据实际情况，将本地区土地划分为若干等级，在税收法律法规规定的税额幅度内，制定相应的适用税额标准，报上级主管机关批准执行。经省、自治区、直辖市人民政府批准，经济落后地区土地使用税的适用税额标准可以适当降低，但降低额不得超过规定最低税额的 30%。经济发达地区土地使用税的适用税额标准可以适当提高，但须报经财政部批准。

举个例子：

甲房地产开发企业开发一住宅项目，实际占地面积 20 000 平方米，建筑面积 40 000 平方米，容积率为 2.0，该土地适用的城镇土地使用税税额为每年每平方米 5 元。那么，甲企业该土地应缴纳的城镇土地使用税＝ 20 000×5 ＝ 100 000(元)。

6.3.2.2　土地使用税的账务处理

土地使用税业务，须设置“应交税费——应交土地使用税”“税金及附加——土地使用税”会计科目进行账务处理。

（1）计提土地使用税

借：税金及附加——土地使用税

　　贷：应交税费——应交土地使用税

（2）缴纳土地使用税

借：应交税费——应交土地使用税

　　贷：银行存款

6.3.3　土地使用税的征收管理及税收优惠

6.3.3.1　土地使用税的征收管理

（1）纳税义务发生时间

① 纳税人购置新建商品房：自房屋交付使用之次月起。

② 纳税人购置存量房：自办理房屋权属转移、变更登记手续，房地产权属登记机关签发房屋权属证书之次月起。

③ 纳税人出租、出借房产：自交付出租、出借房产之次月起。

④ 以出让或转让方式有偿取得土地使用权的：应由受让方从合同约定交付土地时间的次月起缴纳城镇土地使用税；合同未约定交付土地时间的，由受让方从合同签订的次月起缴纳城镇土地使用税。

⑤ 纳税人新征用的耕地：自批准征用之日起满 1 年时。

⑥ 纳税人新征用的非耕地：自批准征用次月起。

（2）纳税地点

① 城镇土地使用税在土地所在地缴纳。

② 纳税人使用的土地不属于同一省、自治区、直辖市管辖的，由纳税人分别向土地所在地的税务机关缴纳城镇土地使用税；在同一省、自治区、直辖市管辖范围内，纳税人跨地区使用的土地，其纳税地点由各省、自治区、直辖市税务局确定。

（3）纳税期限

按年计算，分期缴纳，具体纳税期限由省、自治区、直辖市人民政府确定。

6.3.3.2 税收优惠

① 基本免税规定。

a. 国家机关、人民团体、军队自用的土地，免征城镇土地使用税。

b. 由国家财政部门拨付事业经费的单位自用的土地，免征城镇土地使用税。

c. 宗教寺庙、公园、名胜古迹自用的土地，免征城镇土地使用税；但公园、名胜古迹内的索道公司经营用地，应按规定缴纳城镇土地使用税。

d. 市政街道、广场、绿化地带等公共用地，免征城镇土地使用税。

e. 直接用于农、林、牧、渔业的生产用地，免征城镇土地使用税。

② 免税单位与纳税单位之间无偿使用的土地。对免税单位无偿使用纳税单位的土地，免征城镇土地使用税；对纳税单位无偿使用免税单位的土地，纳税单位应照章缴纳城镇土地使用税。

③ 房地产开发公司开发建造商品房的用地。房地产开发公司开发建造商品房的用地，除经批准开发建设经济适用房的用地外，对各类房地产开发用地一律不得减免城镇土地使用税。

④ 企业的铁路专用线、公路等用地。对企业的铁路专用线、公路等用地除另有规定者外，在企业厂区（包括生产、办公及生活区）以内的，应照章征收城

镇土地使用税；在厂区以外、与社会公用地段未加隔离的，暂免征收城镇土地使用税。

⑤ 林业系统用地。

a. 对林区的育林地、运材道、防火道、防火设施用地，免征城镇土地使用税。

b. 林业系统的森林公园、自然保护区可比照公园免征城镇土地使用税。

c. 除上述列举免税的土地外，对林业系统的其他生产用地及办公、生活区用地，均应征收城镇土地使用税。

⑥ 盐场、盐矿用地。

a. 对盐场、盐矿的生产厂房、办公、生活区用地，应照章征收城镇土地使用税。

b. 盐场的盐滩、盐矿的矿井用地，暂免征收城镇土地使用税。

⑦ 电力行业用地。

a. 火电厂厂区围墙内的用地均应征收城镇土地使用税；对厂区围墙外的灰场、输灰管、输油（气）管道、铁路专用线用地，免征城镇土地使用税；厂区围墙外的其他用地，应照章征税。

b. 水电站的发电厂房用地，生产、办公、生活用地，应征收城镇土地使用税；对其他用地给予免税照顾。

c. 对供电部门的输电线路用地、变电站用地，免征城镇土地使用税。

⑧ 水利设施用地。水利设施及其管护用地（如水库库区、大坝、堤防、灌渠、泵站等用地），免征城镇土地使用税；其他用地，如生产、办公、生活用地，应照章征税。

⑨ 对港口的码头（泊位，包括岸边码头、伸入水中的浮码头、堤岸、堤坝、栈桥等）用地，免征城镇土地使用税。

⑩ 民航机场用地。

a. 机场飞行区（包括跑道、滑行道、停机坪、安全带、夜航灯光区）用地、场内外通信导航设施用地和飞行区四周排水防洪设施用地，免征城镇土地使用税。

b. 在机场道路中，场外道路用地免征城镇土地使用税；场内道路用地依照规定征收城镇土地使用税。

c. 机场工作区（包括办公、生产和维修用地及候机楼、停车场）用地、生活区用地、绿化用地，均须按照规定征收城镇土地使用税。

⑪ 体育场馆的城镇土地使用税优惠政策。

a. 国家机关、军队、人民团体、财政补助事业单位、居民委员会、村民委员会拥有的体育场馆，用于体育活动的土地，免征城镇土地使用税。

b. 经费自理事业单位、体育社会团体、体育基金会、体育类民办非企业单位拥有并运营管理的体育场馆，符合相关条件的，其用于体育活动的土地，免征城镇土地使用税。

c. 企业拥有并运营管理的大型体育场馆，其用于体育活动的土地，减半征收城镇土地使用税。

⑫ 自 2014 年 1 月 1 日至 2027 年 12 月 31 日，对国家级、省级科技企业孵化器，大学科技园和国家备案众创空间自用以及无偿或通过出租等方式提供给在孵对象使用的土地，免征城镇土地使用税。

⑬ 自 2019 年 1 月 1 日至 2027 年供暖期结束，对向居民供热收取采暖费的供热企业，为居民供热所使用的土地，免征城镇土地使用税；对供热企业其他土地，应当按照规定征收城镇土地使用税。

⑭ 自 2023 年 1 月 1 日起至 2027 年 12 月 31 日止，对物流企业自有（包括自用和出租）或承租的大宗商品仓储设施用地，减按所属土地等级适用税额标准的 50% 计征城镇土地使用税。

6.4 契税

“契”即是证明买卖、抵押、租赁等关系的文书。契税，就是对在我国境内发生的土地使用权和房屋所有权变动的土地和房屋征收的一个税种。

6.4.1 什么情况下需要缴契税

6.4.1.1 纳税人

契税的纳税人，是指在我国境内承受（受让、购买、受赠、交换等）土地、房屋权属转移的单位和个人。

6.4.1.2 征税范围

契税的征税范围分为一般范围和视同发生应税行为。

（1）一般范围

① 征收契税的土地、房屋权属，具体为土地使用权、房屋所有权。

② 土地使用权。

a. 土地使用权出让。

b. 土地使用权转让，包括出售、赠与、互换，但不包括土地承包经营权和土地经营权的转移。

③ 房屋所有权转移，包括房屋买卖、赠与、互换。

④ 共有。下列情形，属于发生土地、房屋权属转移，承受方应当依法缴纳契税：

a. 因共有不动产份额变化的。

b. 因共有人增加或者减少的。

⑤ 因人民法院、仲裁委员会的生效法律文书或者监察机关出具的监察文书等因素发生土地、房屋权属转移的，承受方应当依法缴纳契税。

（2）视同发生应税行为

① 以作价投资（入股）、偿还债务（抵债）、划转、奖励等方式转移土地、房屋权属的，应当依法征收契税。

② 在股权（股份）转让中，单位、个人承受公司股权（股份），公司土地、房屋权属不发生转移，不征收契税。

（3）土地、房屋典当、分拆（分割）、抵押以及出租等行为，不属于契税的征税范围

6.4.2 契税如何核算

（1）契税的计算

① 计税公式：应纳税额＝计税依据 × 适用税率。

② 税率：采用比例税率，实行 3% ～ 5% 的幅度税率。

③ 以不含增值税的成交价格为计税依据。

a. 土地使用权出让、出售，房屋买卖，以土地、房屋权属转移合同确定的不含增值税成交价格，包括承受者应交付的货币以及实物、其他经济利益对应的价款为计税依据。

b. 土地使用权及所附建筑物、构筑物等（包括在建的房屋、其他建筑物、构筑物和其他附着物）转让的，计税依据为承受方应交付的总价款。

c. 土地使用权出让的，计税依据包括土地出让金、土地补偿费、安置补助

费、地上附着物和青苗补偿费、征收补偿费、城市基础设施配套费、实物配建房屋等应交付的货币以及实物、其他经济利益对应的价款。

d. 房屋附属设施（包括停车位、机动车库、非机动车库、顶层阁楼、储藏室及其他房屋附属设施）与房屋为同一不动产单元的，计税依据为承受方应交付的总价款，并适用与房屋相同的税率；房屋附属设施与房屋为不同不动产单元的，计税依据为转移合同确定的成交价格，并按当地确定的适用税率计税。

e. 承受已装修房屋的，应将包括装修费用在内的费用计入承受方应交付的总价款。

f. 以作价投资（入股）、偿还债务等应交付经济利益的方式转移土地、房屋权属的，参照土地使用权出让、出售或房屋买卖确定契税适用税率、计税依据等。

④ 以不含增值税的差价为计税依据　土地使用权互换、房屋互换，互换价格相等的，互换双方计税依据为零；互换价格不相等的，以其差额（不含增值税）为计税依据，由支付差额的一方缴纳契税。

⑤ 以核定的价格为计税依据。

a. 土地使用权赠与、房屋赠与以及其他没有价格的转移土地、房屋权属行为，契税的计税依据为税务机关参照土地使用权出售、房屋买卖的市场价格“依法核定的价格”（不含增值税）。

b. 以划转、奖励等没有价格的方式转移土地、房屋权属的，参照土地使用权或房屋赠与确定契税适用税率、计税依据等。

c. 为防止纳税人隐瞒、虚报成交价格以偷、逃税款，对纳税人申报的成交价格、互换价格差额明显偏低且无正当理由的，由税务机关依法核定。税务机关依法核定计税价格，应参照市场价格，采用房地产价格评估等方法合理确定。

⑥ 关于划拨取得的土地使用权。

a. 以划拨方式取得的土地使用权，经批准改为出让方式重新取得该土地使用权的，应由该取得土地使用权人以补缴的土地出让价款为计税依据缴纳契税。

b. 先以划拨方式取得土地使用权，后经批准转让房地产，划拨土地性质改为出让的，承受方应分别以补缴的土地出让价款和房地产权属转移合同确定的成交价格为计税依据缴纳契税。

c. 先以划拨方式取得土地使用权，后经批准转让房地产，划拨土地性质未发生改变的，承受方应以房地产权属转移合同确定的成交价格为计税依据缴纳契税。

（2）契税的账务处理

契税业务，须设置“应交税费——应交契税”“税金及附加——契税”会计科目进行账务处理。

① 计提契税：

借：税金及附加——契税

　　贷：应交税费——应交契税

② 缴纳契税：

借：应交税费——应交契税

　　贷：银行存款

6.4.3 契税的征收管理及税收优惠

6.4.3.1 契税的征收管理

（1）纳税义务发生时间

① 契税的纳税义务发生时间，为纳税人签订土地、房屋权属转移合同的当日，或者纳税人取得其他具有土地、房屋权属转移合同性质凭证的当日。

② 因人民法院、仲裁委员会的生效法律文书或者监察机关出具的监察文书等发生土地、房屋权属转移的，纳税义务发生时间为法律文书等生效当日。

③ 因改变土地、房屋用途等情形应当缴纳已经减征、免征契税的，纳税义务发生时间为改变有关土地、房屋用途等情形的当日。

④ 因改变土地性质、容积率等土地使用条件须补缴土地出让价款，应当缴纳契税的，纳税义务发生时间为改变土地使用条件当日。

（2）纳税期限

① 纳税人应当在依法办理土地、房屋权属登记手续前申报缴纳契税。

② 发生法定情形，按规定不再需要办理土地、房屋权属登记的，纳税人应自纳税义务发生之日起 90 日内申报缴纳契税。

（3）退税

① 在依法办理土地、房屋权属登记前，权属转移合同、权属转移合同性质凭证不生效、无效、被撤销或者被解除的，纳税人可以向税务机关申请退还已缴

纳的税款，税务机关应当依法办理。

② 纳税人缴纳契税后，发生因人民法院判决或者仲裁委员会裁决导致土地、房屋权属转移行为无效、被撤销或者被解除，且土地、房屋权属变更至原权利人的；在出让土地使用权交付时，因容积率调整或实际交付面积小于合同约定面积须退还土地出让价款的；在新建商品房交付时，因实际交付面积小于合同约定面积须返还房价款的这三种情形，可依法申请退税。

（4）纳税地点

契税由土地、房屋所在地的税务机关依法征收管理。

6.4.3.2 契税的税收优惠

（1）免征契税的相关项目及具体要求

① 有下列情形之一的，免征契税：

a. 国家机关、事业单位、社会团体、军事单位承受土地、房屋权属用于办公、教学、医疗、科研、军事设施。

b. 非营利性的学校、医疗机构、社会福利机构承受土地、房屋权属用于办公、教学、医疗、科研、养老、救助。

c. 承受荒山、荒地、荒滩土地使用权用于农、林、牧、渔业生产。

d. 婚姻关系存续期间夫妻之间变更土地、房屋权属。

e. 法定继承人通过继承承受土地、房屋权属。

f. 依照法律规定应当予以免税的外国驻华使馆、领事馆和国际组织驻华代表机构承受土地、房屋权属。

② 享受契税免税优惠的土地、房屋用途的具体要求：

a. 用于办公的，限于办公室（楼）以及其他直接用于办公的土地、房屋。

b. 用于教学的，限于教室（教学楼）以及其他直接用于教学的土地、房屋。

c. 用于医疗的，限于门诊部以及其他直接用于医疗的土地、房屋。

d. 用于科研的，限于科学试验的场所以及其他直接用于科研的土地、房屋。

e. 用于军事设施的，限于直接用于《中华人民共和国军事设施保护法》规定的军事设施的土地、房屋。

f. 用于养老的，限于直接用于为老年人提供养护、康复、托管等服务的土地、房屋。

g. 用于救助的，限于直接为残疾人、未成年人、生活无着落的流浪乞讨人员提供养护、康复、托管等服务的土地、房屋。

③ 对享受契税免税优惠的非营利性机构的具体资质要求：

a. 学校的具体范围为经县级以上人民政府或者其教育行政部门批准成立的大学、中学、小学、幼儿园，实施学历教育的职业教育学校、特殊教育学校、专门学校，以及经省级人民政府或者其人力资源社会保障行政部门批准成立的技工院校。

b. 医疗机构的具体范围为经县级以上人民政府卫生健康行政部门批准或者备案设立的医疗机构。

c. 社会福利机构的具体范围为依法登记的养老服务机构、残疾人服务机构、儿童福利机构、救助管理机构、未成年人救助保护机构。

（2）国务院酌定减免

根据国民经济和社会发展的需要，国务院对居民住房需求保障、企业改制重组、灾后重建等情形可以规定免征或者减征契税，报全国人民代表大会常务委员会备案。

（3）省级地方酌定减免

① 因土地、房屋被县级以上人民政府征收、征用，重新承受土地、房屋权属；因不可抗力灭失住房，重新承受住房权属的情形，省、自治区、直辖市可以决定对其免征或者减征契税。

② 上述免征或者减征契税的具体办法，由省、自治区、直辖市人民政府提出，报同级人民代表大会常务委员会决定，并报全国人民代表大会常务委员会和国务院备案。

（4）改制重组相关减免规定（自 2024 年 1 月 1 日至 2027 年 12 月 31 日）

① 企业改制。企业按照《中华人民共和国公司法》有关规定整体改制，包括非公司制企业改制为有限责任公司或股份有限公司，有限责任公司变更为股份有限公司，股份有限公司变更为有限责任公司，原企业投资主体存续并在改制（变更）后的公司中所持股权（股份）比例超过 75%，且改制（变更）后公司承继原企业权利、义务的，对改制（变更）后公司承受原企业土地、房屋权属，免征契税。

② 事业单位改制。事业单位按照国家有关规定改制为企业，原投资主体存续并在改制后企业中出资（股权、股份）比例超过 50% 的，对改制后企业承受原事业单位土地、房屋权属，免征契税。

③ 公司合并。两个或两个以上的公司，依照法律规定、合同约定，合并为一个公司，且原投资主体存续的，对合并后公司承受原合并各方土地、房屋权属，免征契税。

④ 公司分立。公司依照法律规定、合同约定分立为两个或两个以上与原公司投资主体相同的公司，对分立后公司承受原公司土地、房屋权属，免征契税。

⑤ 企业破产。企业依照有关法律法规规定实施破产，债权人（包括破产企业职工）承受破产企业抵偿债务的土地、房屋权属，免征契税；对非债权人承受破产企业土地、房屋权属，凡按照《中华人民共和国劳动法》等国家有关法律法规政策妥善安置原企业全部职工规定，与原企业全部职工签订服务年限不少于三年的劳动用工合同的，对其承受所购企业土地、房屋权属，免征契税；与原企业超过30%的职工签订服务年限不少于三年的劳动用工合同的，减半征收契税。

⑥ 资产划转。对承受县级以上人民政府或国有资产管理部门按规定进行行政性调整、划转国有土地、房屋权属的单位，免征契税。

同一投资主体内部所属企业之间土地、房屋权属的划转，包括母公司与其全资子公司之间，同一公司所属全资子公司之间，同一自然人与其设立的个人独资企业、一人有限公司之间土地、房屋权属的划转，免征契税。

母公司以土地、房屋权属向其全资子公司增资，视同划转，免征契税。

⑦ 债权转股权。经国务院批准实施债权转股权的企业，对债权转股权后新设立的公司承受原企业的土地、房屋权属，免征契税。

⑧ 划拨用地出让或作价出资。以出让方式或国家作价出资（入股）方式承受原改制重组企业、事业单位划拨用地的，不属上述规定的免税范围，对承受方应按规定征收契税。

⑨ 公司股权（股份）转让。在股权（股份）转让中，单位、个人承受公司股权（股份），公司土地、房屋权属不发生转移，不征收契税。

6.5 土地增值税

商品“增值”了须缴“增值”税，土地“增值”了同样需要缴“增值”税。土地增值税就是由于土地“增值”而产生的税。

6.5.1 什么情况下需要缴土地增值税

（1）纳税人

土地增值税的纳税人为转让土地使用权、地上建筑物及其附着物并取得收入的单位和个人。

（2）征税范围

土地增值税的征税范围包含以下几个方面：

① 土地增值税只对转让土地使用权的行为征税，对出让土地使用权的行为不征税。

② 土地增值税既对转让土地使用权的行为征税，也对转让地上建筑物及其附着物产权的行为征税。

③ 土地增值税只对有偿转让的房地产征税，对以继承、赠与等方式无偿转让的房地产，不予征税，但并非所有名为“赠与”的行为均不征税，不征收土地增值税的房地产赠与行为只包括：

a. 房产所有人、土地使用权所有人将房屋产权、土地使用权赠与直系亲属或承担直接赡养义务人的行为。

b. 房产所有人、土地使用权所有人通过中国境内非营利的社会团体、国家机关将房屋产权、土地使用权赠与教育、民政和其他社会福利、公益事业的行为。

（3）特殊业务土地增值税的规定

① 房地产交换。属于土地增值税的征税范围；对居民个人之间互换自有居住用房地产的，经当地税务机关核实，可以免征土地增值税。

② 合作建房。对于一方出地，另一方出资金，双方合作建房，建成后按比例分房自用的，暂免征收土地增值税；建成后转让的，应征收土地增值税。

③ 房地产的抵押、抵债。对于房地产的抵押，在抵押期间不征收土地增值税；如果抵押期满以房地产抵债，发生房地产权属转移的，应列入土地增值税的征税范围。

④ 房地产开发企业。

a. 房地产开发企业将开发的部分房地产转为企业自用或用于出租等商业用途时，如果产权未发生转移，不征收土地增值税。

b. 房地产开发企业将开发产品用于职工福利、奖励、对外投资、分配给股东或投资人、抵偿债务、换取其他单位和个人的非货币性资产等，发生所有权转移时应视同销售房地产，征收土地增值税。

⑤ 企业改制重组。自 2021 年 1 月 1 日至 2027 年 12 月 31 日，企业改制重组有关土地增值税政策如下：

a. 企业按照规定整体改制，对改制前的企业将国有土地使用权、地上的建筑物及其附着物（以下简称“房地产”）转移、变更到改制后的企业，暂不征土地增值税。

b. 按照法律规定或者合同约定，两个或两个以上企业合并为一个企业，且原企业投资主体存续的，对原企业将房地产转移、变更到合并后的企业，暂不征土地增值税。

c. 按照法律规定或者合同约定，企业分设为两个或两个以上与原企业投资主体相同的企业，对原企业将房地产转移、变更到分立后的企业，暂不征土地增值税。

d. 单位、个人在改制重组时以房地产作价入股进行投资，对其将房地产转移、变更到被投资的企业，暂不征土地增值税。

⑥ 房地产的出租、房地产代建行为、房地产进行重新评估而产生的评估增值：不属于土地增值税的征税范围。

6.5.2 土地增值税如何核算

6.5.2.1 土地增值税的计算

计算步骤如下。

① 确定扣除项目金额。

② 计算增值额：

增值额＝不含增值税的房地产转让收入－扣除项目金额

③ 计算增值率：

增值率＝增值额 ÷ 扣除项目金额 ×100%

④ 确定适用税率及速算扣除系数。土地增值税实行 4 级超率累进税率（如表 6-3 所示）。

表6-3　土地增值税4级超率累进税率表

级数	增值额与扣除项目金额的比率	税率/%	速算扣除系数/%
1	不超过50%的部分	30	0
2	超过50%至100%的部分	40	5
3	超过100%至200%的部分	50	15
4	超过200%的部分	60	35

⑤ 计算应纳税额：

应纳税额＝增值额 × 适用税率－扣除项目金额 × 速算扣除系数

6.5.2.2　房地产开发企业新建房扣除项目金额的确定

（1）取得土地使用权所支付的金额

① 纳税人为取得土地使用权所支付的地价款。

② 纳税人在取得土地使用权时按国家统一规定缴纳的有关费用和税金。

（2）房地产开发成本

房地产开发成本，包括土地征用及拆迁补偿费、前期工程费、建筑安装工程费、基础设施费、公共配套设施费和开发间接费用等。

（3）房地产开发费用

① 能分摊且能证明。

a. 财务费用中的利息支出，凡能够按转让房地产项目计算分摊并提供金融机构证明的，允许据实扣除，但最高不能超过按商业银行同类同期贷款利率计算的金额。

b. 其他房地产开发费用，按取得土地使用权所支付的金额和房地产开发成本的金额之和的5%以内计算扣除。

允许扣除的房地产开发费用＝允许扣除的利息＋（取得土地使用权所支付的金额＋房地产开发成本）× 省级政府确定的比例（5%以内）

② 不能分摊或不能证明。财务费用中的利息支出，凡不能按转让房地产项目计算分摊或不能提供金融机构证明的，房地产开发费用（不区分利息费用和其他费用）按规定计算的金额之和的10%以内计算扣除。

允许扣除的房地产开发费用＝（取得土地使用权所支付的金额＋房地产开发成本）× 省级政府确定的比例（10%以内）

③ 财政部、国家税务总局对土地增值税扣除项目金额中利息支出的计算问题作了两点专门规定：

a. 利息的上浮幅度按国家的有关规定执行，超过上浮幅度的部分不允许扣除。

b. 对于超过贷款期限的利息部分和加罚的利息不允许扣除。

（4）与转让房地产有关的税金

① 城建税及教育费附加。

②《土地增值税暂行条例》等规定的土地增值税扣除项目涉及的增值税进项税额，允许在销项税额中抵扣的，不计入扣除项目，不允许在销项税额中抵扣的，可以计入扣除项目。

（5）加计扣除

即（取得土地使用权所支付的金额＋房地产开发成本）×20%。

6.5.2.3 其他情形下扣除项目金额的确定

（1）房地产开发企业以外的其他企业转让新建房的扣除项目

① 取得土地使用权所支付的金额。

② 房地产开发成本。

③ 房地产开发费用。

④ 与转让房地产有关的税金。

a. 城建税及教育费附加、印花税。

b.《土地增值税暂行条例》等规定的土地增值税扣除项目涉及的增值税进项税额，允许在销项税额中抵扣的，不计入扣除项目，不允许在销项税额中抵扣的，可以计入扣除项目。

（2）旧房及建筑物转让的扣除项目

① 方法一：按评估价格扣除。

a. 旧房及建筑物的评估价格（重置成本价 × 成新度折扣率）。

b. 取得土地使用权所支付的地价款和按国家统一规定缴纳的有关费用和税金。

c. 转让环节缴纳的税金。

② 方法二：按购房发票金额计算扣除。纳税人转让旧房及建筑物，凡不能取得评估价格，但能提供购房发票的，经当地税务部门确认，可以扣除：

a. 按发票所载金额并从购买年度起至转让年度止，每年加计 5% 计算的金额。

b. 转让环节缴纳的税金，包括城建税及教育费附加、印花税、购房时缴纳的契税（需提供契税的完税凭证）。

（3）土地增值税的账务处理

土地增值税业务，须设置“应交税费”“税金及附加”会计科目进行账务处理。

① 企业转让的土地使用权连同地上建筑物及其附着物一并在“固定资产”会计科目核算的，转让时应交的土地增值税：

借：固定资产清理

　　贷：应交税费——应交土地增值税

土地使用权在“无形资产”科目核算的：

借：银行存款 / 累计摊销 / 无形资产减值准备等

　　贷：应交税费——应交土地增值税

按其差额，借记或贷记“资产处置损益”会计科目。

② 房地产开发经营企业销售房地产应缴纳的土地增值税：

借：税金及附加

　　贷：应交税费——应交土地增值税

③ 缴纳土地增值税时：

借：应交税费——应交土地增值税

　　贷：银行存款

6.5.3 土地增值税的征收管理及税收优惠

（1）土地增值税的征收管理

① 纳税人应在转让房地产合同签订后 7 日内，到房地产所在地主管税务机关办理纳税申报。

② 纳税人采取预售方式销售房地产的，对在项目全部竣工结算前转让房地产取得的收入，税务机关可以预征土地增值税。

③ 房地产开发企业有下列情形之一的，税务机关可以参照与其开发规模和收入水平相近的当地企业的土地增值税税负情况，按不低于预征率的征收率核定征收土地增值税：

a. 依照法律、行政法规的规定应当设置但未设置账簿的。

b. 擅自销毁账簿或者拒不提供纳税资料的。

c. 虽设置账簿，但账目混乱或者成本资料、收入凭证、费用凭证残缺不全，难以确定转让收入或扣除项目金额的。

d. 符合土地增值税清算条件，未按照规定的期限办理清算手续，经税务机关责令限期清算，逾期仍不清算的。

e. 申报的计税依据明显偏低，又无正当理由的。

（2）土地增值税清算

① 符合下列情形之一的，纳税人应当进行土地增值税清算：

a. 房地产开发项目全部竣工、完成销售的。

b. 整体转让未竣工决算房地产开发项目的。

c. 直接转让土地使用权的。

② 符合下列情形之一的，主管税务机关可要求纳税人进行土地增值税清算：

a. 已竣工验收的房地产开发项目，已转让的房地产建筑面积占整个项目可售建筑面积的比例在 85% 以上，或该比例虽未超过 85%，但剩余的可售建筑面积已经出租或自用的。

b. 取得销售（预售）许可证满 3 年仍未销售完毕的。

c. 纳税人申请注销税务登记但未办理土地增值税清算手续的。

（3）土地增值税税收优惠

① 纳税人建造普通标准住宅（不包括高级公寓、别墅、度假村等）出售，增值额未超过扣除项目金额 20% 的，予以免税；超过 20% 的，应按全部增值额缴纳土地增值税。

对于纳税人既建普通标准住宅又搞其他房地产开发的，应分别核算增值额；不分别核算增值额或不能准确核算增值额的，其建造的普通标准住宅不能适用这一免税规定。

② 因国家建设需要依法征用、收回的房地产，免征土地增值税；因城市实施规划、国家建设的需要而搬迁，由纳税人自行转让原房地产的，免征土地增值税。

③ 企事业单位、社会团体以及其他组织转让旧房作为公共租赁住房房源且增值额未超过扣除项目金额 20% 的，免征土地增值税。

6.6 车辆购置税

买车也要交税，但不一定是买所有的车都要交税。车辆购置税字面上的意思就是“购置”车辆时要征收的税，“购置”指的以购买、进口、自产、受赠、获奖或者其他方式取得并自用应税车辆的行为。

6.6.1 什么情况下需要缴车辆购置税

车辆购置税的纳税人也就是在中华人民共和国境内购置应税车辆（如汽车、

有轨电车、汽车挂车、排气量超过一百五十毫升的摩托车）的单位和个人。即在中华人民共和国境内以购买、进口、自产、受赠、获奖或者其他方式取得并自用应税车辆（如汽车、有轨电车、汽车挂车、排气量超过一百五十毫升的摩托车）的单位和个人在“购置”时就需要缴纳车辆购置税。

6.6.2 车辆购置税如何核算

（1）车辆购置税应纳税额的计算

车辆购置税应纳税额的计算公式为：

车辆购置税应纳税额＝应税车辆的计税价格 × 税率（10%）

车辆购置税的税率是统一的。

（2）应税车辆的计税价格的确定

① 纳税人购买自用应税车辆。

a. 纳税人实际支付给销售者的全部价款，不包括增值税税款。

b. 自 2020 年 6 月 1 日起，纳税人购置应税车辆，以电子发票信息中的不含增值税价作为计税价格，纳税人依据相关规定提供其他有效价格凭证的情形除外。

② 纳税人进口自用应税车辆：关税完税价格加上关税和消费税。

③ 纳税人自产自用应税车辆：按照纳税人生产的同类应税车辆的销售价格确定，不包括增值税税款；没有同类应税车辆销售价格的，按照组成计税价格确定，如果不涉及应征消费税的车辆，计算公式为：

组成计税价格＝成本 ×（1+ 成本利润率）

④ 纳税人以受赠、获奖或者其他方式取得自用应税车辆：依购置应税车辆时相关凭证载明的价格确定（不包括增值税税款）。

⑤ 纳税人申报的应税车辆计税价格明显偏低，又无正当理由：由税务机关依法核定其应纳税额。

（3）车辆购置税的账务处理

车辆购置税业务，不须设置“应交税费”“税金及附加”会计科目进行账务处理，在企业缴纳的车辆购置税时计入车辆成本即可，即通过“固定资产”会计科目进行账务处理。

借：固定资产

　　贷：银行存款

6.6.3 车辆购置税的征收管理及税收优惠

（1）车辆购置税征收管理

① 车辆购置税实行一次性征收，购置已征车辆购置税的车辆，不再征收车辆购置税。

② 车辆购置税的纳税义务发生时间为纳税人购置应税车辆的当日。纳税人应当自纳税义务发生之日起60日内申报缴纳车辆购置税。

③ 纳税人应当在向公安机关交通管理部门办理车辆注册登记前，缴纳车辆购置税。

④ 纳税人购置应税车辆，应当向车辆登记地的主管税务机关申报缴纳车辆购置税；购置不需要办理车辆登记的应税车辆的，应当向纳税人所在地的主管税务机关申报缴纳车辆购置税。

（2）车辆购置税税收优惠

① 免税、减税车辆因转让、改变用途等原因不再属于免税、减税范围的，纳税人应当在办理车辆转移登记或者变更登记前缴纳车辆购置税。计税价格以免税、减税车辆初次办理纳税申报时确定的计税价格为基准，每满1年扣减10%。

② 纳税人将已征车辆购置税的车辆退回车辆生产企业或者销售企业的，可以向主管税务机关申请退还车辆购置税。退税额以已缴税款为基准，自缴纳税款之日至申请退税之日，每满1年扣减10%。

③ 对购置日期在2024年1月1日至2025年12月31日期间的新能源汽车免征车辆购置税，其中，每辆新能源乘用车免税额不超过3万元；对购置日期在2026年1月1日至2027年12月31日期间的新能源汽车减半征收车辆购置税，其中，每辆新能源乘用车减税额不超过1.5万元。

6.7 资源税

资源税的征税对象就是各种自然资源，它是为了调节资源级差收入并体现国有资源有偿使用而征收的一种税。

6.7.1 什么情况下需要缴资源税

（1）资源税税目、征税对象

资源税的税目、征税对象可以通过资源税税目税率表（如表6-4所示，以下简称《税目税率表》）了解。

表 6-4　资源税税目税率表

<table>
<tr><th colspan="3">税目</th><th>征税对象</th><th>税率</th></tr>
<tr><td rowspan="4">能源矿产</td><td colspan="2">原油</td><td>原矿</td><td>6%</td></tr>
<tr><td colspan="2">天然气、页岩气、天然气水合物</td><td>原矿</td><td>6%</td></tr>
<tr><td colspan="2">煤</td><td>原矿或者选矿</td><td>2% ～ 10%</td></tr>
<tr><td colspan="2">煤成（层）气</td><td>原矿</td><td>1% ～ 2%</td></tr>
<tr><td rowspan="8">金属矿产</td><td>黑色金属</td><td>铁、锰、铬、钒、钛</td><td>原矿或者选矿</td><td>1% ～ 9%</td></tr>
<tr><td rowspan="7">有色金属</td><td>铜、铅、锌、锡、镍、锑、镁、钴、铋、汞</td><td>原矿或者选矿</td><td>2% ～ 10%</td></tr>
<tr><td>铝土矿</td><td>原矿或者选矿</td><td>2% ～ 9%</td></tr>
<tr><td>钨</td><td>选矿</td><td>6.5%</td></tr>
<tr><td>金、银</td><td>原矿或者选矿</td><td>2% ～ 6%</td></tr>
<tr><td>轻稀土</td><td>选矿</td><td>7% ～ 12%</td></tr>
<tr><td>中重稀土</td><td>选矿</td><td>20%</td></tr>
<tr><td></td><td></td><td></td></tr>
<tr><td rowspan="5">非金属矿产</td><td rowspan="2">矿物类</td><td>石灰岩</td><td>原矿或者选矿</td><td>1% ～ 6% 或者每吨（或者每立方米）1 ～ 10 元</td></tr>
<tr><td>石墨</td><td>原矿或者选矿</td><td>3% ～ 12%</td></tr>
<tr><td rowspan="2">岩石类</td><td>大理岩、花岗岩等</td><td>原矿或者选矿</td><td>1% ～ 10%</td></tr>
<tr><td>砂石</td><td>原矿或者选矿</td><td>1% ～ 5% 或者每吨（或者每立方米）0.1 ～ 5 元</td></tr>
<tr><td>宝玉石类</td><td>宝石、玉石、宝石级金刚石、玛瑙、黄玉、碧玺</td><td>原矿或者选矿</td><td>4% ～ 20%</td></tr>
<tr><td rowspan="2">水气矿产</td><td colspan="2">二氧化碳气、硫化氢气、氦气、氡气</td><td>原矿</td><td>2% ～ 5%</td></tr>
<tr><td colspan="2">矿泉水</td><td>原矿</td><td>1% ～ 20% 或者每立方米 1 ～ 30 元</td></tr>
<tr><td rowspan="3">盐</td><td colspan="2">钠盐、钾盐、镁盐、锂盐</td><td>选矿</td><td>3% ～ 15%</td></tr>
<tr><td colspan="2">天然卤水</td><td>原矿</td><td>3% ～ 15% 或者每吨（或者每立方米）1 ～ 10 元</td></tr>
<tr><td colspan="2">海盐</td><td>—</td><td>2% ～ 5%</td></tr>
</table>

（2）资源税的纳税环节

① 在中华人民共和国领域和中华人民共和国管辖的其他海域开发应税资源的单位和个人，为资源税的纳税人；资源税在开发销售（包括国内销售和出口销售）时缴纳，进口、批发、零售环节不缴纳资源税。

② 纳税人开采或者生产应税产品自用的，应当依法缴纳资源税，但是，自用于连续生产应税产品的，不缴纳资源税。纳税人自用应税产品应当缴纳资源税的情形，包括纳税人以应税产品用于非货币性资产交换、捐赠、偿债、赞助、集资、投资、广告、样品、职工福利、利润分配或者连续生产非应税产品等。

③ 由于资源税实行一次课征制度，如果以外购的已税原矿生产选矿，销售选矿时不需要再缴纳资源税。

6.7.2 资源税如何核算

6.7.2.1 资源税的计算

（1）资源税的税率

①《税目税率表》中规定实行幅度税率的，其具体适用税率由省、自治区、直辖市人民政府统筹考虑该应税资源的品位、开采条件以及对生态环境的影响等情况，在《税目税率表》规定的税率幅度内提出，报同级人民代表大会常务委员会决定，并报全国人民代表大会常务委员会和国务院备案。

②《税目税率表》中规定征税对象为原矿或者选矿的，应当分别确定具体适用税率。

③ 纳税人开采或者生产不同税目应税产品的，应当分别核算不同税目应税产品的销售额或者销售数量；未分别核算或者不能准确提供不同税目应税产品的销售额或者销售数量的，从高适用税率。

④ 纳税人开采或者生产同一税目下适用不同税率应税产品的，应当分别核算不同税率应税产品的销售额或者销售数量；未分别核算或者不能准确提供不同税率应税产品的销售额或者销售数量的，从高适用税率。

（2）资源税应纳税额计算的基本规定

① 从价计征还是从量计征。

a. 资源税按照《税目税率表》实行从价计征或者从量计征。

b.《税目税率表》中规定可以选择实行从价计征或者从量计征的，具体计征方式由省、自治区、直辖市人民政府提出，报同级人民代表大会常务委员会决定，并报全国人民代表大会常务委员会和国务院备案。

② 从价计征。

a. 实行从价计征的，应纳税额按照应税产品的销售额乘以具体适用税率计算。

b. 销售额确定的基本规则：

• 应税产品的销售额，按照纳税人销售应税产品向购买方收取的全部价款确定，不包括增值税税款。

• 计入销售额中的相关运杂费用，凡取得增值税发票或者其他合法有效凭据的，准予从销售额中扣除。相关运杂费用是指应税产品从坑口或者洗选（加工）地到车站、码头或者购买方指定地点的运输费用，建设基金以及随运销产生的装卸、仓储、港杂费用。即：

应纳资源税税额＝（不含增值税的资源税应税产品销售额－准予扣除的相关运杂费）× 资源税税率

c. 核定销售额：纳税人申报的应税产品销售额明显偏低且无正当理由的，或者有自用应税产品行为而无销售额的，主管税务机关可以按下列方法和顺序确定其应税产品销售额：

• 按纳税人最近时期同类产品的平均销售价格确定。

• 按其他纳税人最近时期同类产品的平均销售价格确定。

• 按后续加工非应税产品销售价格，减去后续加工环节的成本利润后确定。

• 按应税产品组成计税价格确定。

组成计税价格＝成本 ×（1+ 成本利润率）÷（1－ 资源税税率）

• 按其他合理方法确定。

③ 从量计征。

a. 实行从量计征的，应纳税额按照应税产品的销售数量乘以具体适用税率计算。

b. 应税产品的销售数量，包括纳税人开采或者生产应税产品的实际销售数量和自用于应当缴纳资源税情形的应税产品数量。

（3）外购应税产品混合销售 / 加工的资源税处理

① 纳税人外购应税产品与自采应税产品混合销售或者混合加工为应税产品销售的，在计算应税产品销售额或者销售数量时，准予扣减外购应税产品的购进金额或者购进数量；当期不足扣减的，可结转下期扣减。

② 扣减要求：准确核算 + 合法有效凭据。

a. 纳税人应当准确核算外购应税产品的购进金额或者购进数量，未准确核算的，一并计算缴纳资源税。

b. 纳税人核算并扣减当期外购应税产品购进金额、购进数量，应当依据外购应税产品的增值税发票、海关进口增值税专用缴款书或者其他合法有效凭据。

③ 扣减方法：扣减方法如表 6-5 所示。

表6-5　扣减方法

<table>
<tr><th>原料</th><th>混合后的销售对象</th><th>应税产品销售额或者销售数量的计算方法</th></tr>
<tr><td>外购原矿＋自采原矿</td><td>混合为原矿销售</td><td rowspan="2">在应税产品销售额或者销售数量中直接扣减外购原矿或者外购选矿产品的购进金额或者购进数量</td></tr>
<tr><td>外购选矿产品＋自产选矿产品</td><td>混合为选矿产品销售</td></tr>
<tr><td>外购原矿＋自采原矿</td><td>混合洗选加工为选矿产品销售</td><td>（1）第1顺位方法：
准予扣减的外购应税产品购进金额（数量）＝外购原矿购进金额（数量）×（本地区原矿适用税率 ÷ 本地区选矿产品适用税率）
（2）第2顺位方法：不能按照上述方法计算扣减的，按照主管税务机关确定的其他合理方法进行扣减</td></tr>
</table>

6.7.2.2　资源税的账务处理

资源税业务，须分别设置“应交税费”“税金及附加”等会计科目进行账务处理。

（1）计算对外销售应税矿产品应交资源税

借：税金及附加——资源税

　　贷：应交税费——应交资源税

（2）计算自用应税矿产品应交资源税

借：生产成本、制造费用等

　　贷：应交税费——应交资源税

（3）缴纳资源税

借：应交税费——应交资源税

　　贷：银行存款

6.7.3　资源税的征收管理及税收优惠

6.7.3.1　资源税的征收管理

（1）纳税义务发生时间

① 纳税人销售应税产品，纳税义务发生时间为收讫销售款或者取得索取销售款凭据的当日。

② 自用应税产品的，纳税义务发生时间为移送应税产品的当日。

（2）纳税地点

纳税人应当在矿产品的开采地或者海盐的生产地（或称“应税产品开采地或者生产地”）缴纳资源税。

（3）纳税期限

① 资源税按月或者按季申报缴纳；不能按固定期限计算缴纳的，可以按次申

报缴纳。

② 纳税人按月或者按季申报缴纳的，应当自月度或者季度终了之日起 15 日内，向税务机关办理纳税申报并缴纳税款；按次申报缴纳的，应当自纳税义务发生之日起 15 日内，向税务机关办理纳税申报并缴纳税款。

6.7.3.2 资源税政策优惠

（1）改善民生

意外事故或者自然灾害等原因遭受重大损失减免资源税。

（2）特定行业

青藏铁路自采自用砂石等免征资源税。

（3）促进小微企业发展

① 增值税小规模纳税人资源税减征。

② 个体工商户城市资源税减征。

③ 小型微利企业城市资源税减征。

（4）节能环保

① 受县级以上人民政府及有关部门委托进行国土绿化、地下水回灌、河湖生态补水等生态取用水，免征水资源税。

② 煤炭开采企业因安全生产需要抽采的煤成（层）气免征资源税。

③ 开采共生矿减免资源税。

④ 开采低品位矿减免资源税。

⑤ 开采尾矿减免资源税。

⑥ 充填开采置换出来的煤炭减征资源税，延续到 2027 年 12 月 31 日。

⑦ 衰竭期矿山开采的矿产品减征资源税。

⑧ 开采伴生矿减免资源税。

⑨ 抽水蓄能发电取用水，免征水资源税。

⑩ 采油（气）排水经分离净化后在封闭管道回注的，免征水资源税。

⑪ 工业用水前一年度用水效率达到国家用水定额先进值的纳税人，减征本年度百分之二十水资源税。省级水行政主管部门会同同级财政、税务等部门及时公布享受减征政策的纳税人名单。

⑫ 除接入城镇公共供水管网以外，军队、武警部队、国家综合性消防救援队伍通过其他方式取用水的，免征水资源税。

⑬ 财政部、税务总局规定的其他免征或者减征水资源税情形。

⑭ 不缴纳水资源税：水工程管理单位为配置或者调度水资源取水的：为保障矿井等地下工程施工安全和生产安全必须进行临时应急取（排）水的；为消除对公共安全或者公共利益的危害临时应急取水的。

（5）支持三农

① 不缴纳水资源税：农村集体经济组织及其成员从本集体经济组织的水塘、水库中取用水的：家庭生活和零星散养、圈养畜禽饮用等少量取用水的；为农业抗旱和维护生态与环境必须临时应急取水的。

② 主要供农村人口生活用水的集中式饮水工程取用水免征或减征水资源税。

③ 规定限额内的农业生产取用水，免征水资源税。

（6）支持其他各项事业

① 页岩气减征 30% 资源税。

② 开采原油以及在油田范围内运输原油过程中用于加热的原油、天然气免征资源税。

③ 低丰度油气田开采的原油、天然气减征资源税。

④ 高含硫天然气减征资源税。

⑤ 三次采油减征资源税。

⑥ 稠油减征资源税。

⑦ 高凝油减征资源税。

⑧ 深水油气田开采的原油、天然气减征资源税。

6.7.3.3 由地方酌定减免

有下列情形之一的，省、自治区、直辖市人民政府提出免征或者减征资源税的具体办法，报同级人民代表大会常务委员会决定，并报全国人民代表大会常务委员会和国务院备案。

① 纳税人开采或者生产应税产品过程中，因意外事故或者自然灾害等原因遭受重大损失。

② 纳税人开采共伴生矿、低品位矿、尾矿。

6.7.3.4 税收优惠管理

① 纳税人的免税、减税项目，应当单独核算销售额或者销售数量；未单独核算或者不能准确提供销售额或者销售数量的，不予免税或者减税。

② 纳税人开采或者生产同一应税产品，其中既有享受减免税政策的，又有不

享受减免税政策的，按照免税、减税项目的产量占比等方法分别核算确定免税、减税项目的销售额或者销售数量。

③ 纳税人开采或者生产同一应税产品同时符合两项或者两项以上减征资源税优惠政策的，除另有规定外，只能选择其中一项执行。

6.8 消费税

消费税和增值税一样，也是主要税种，只不过一般的企业很少遇见。它是以消费品的流转额作为征税对象的各种税收的统称。

6.8.1 什么情况下需要缴消费税

由于消费税是在对所有货物普遍征收增值税的基础上选择少量消费品征收的，因此，消费税纳税人往往同时也是增值税纳税人。

6.8.1.1 消费税税目

需要缴纳消费税的税目、细目及注意事项如表 6-6 所示。

表 6-6 需要缴纳消费税的税目、细目及注意事项

<table>
<tr><th>税目</th><th>细目</th><th>注意事项</th></tr>
<tr><td rowspan="4">烟</td><td>卷烟</td><td></td></tr>
<tr><td>雪茄烟</td><td></td></tr>
<tr><td>烟丝</td><td></td></tr>
<tr><td>电子烟</td><td></td></tr>
<tr><td rowspan="4">酒</td><td>白酒</td><td rowspan="4">① 酒精不属于应税消费品
② 调味料酒不征收消费税
③ 对饮食业、商业、娱乐业举办的啤酒屋（啤酒坊）利用啤酒生产设备生产的啤酒，应当征收消费税</td></tr>
<tr><td>黄酒</td></tr>
<tr><td>啤酒</td></tr>
<tr><td>其他酒（例如红酒、药酒、果木酒、汽酒等）</td></tr>
<tr><td rowspan="3">高档化妆品</td><td>高档美容、修饰类化妆品</td><td rowspan="3">舞台、戏剧、影视演员化妆用的上妆油、卸妆油、油彩，不属于本税目的征收范围</td></tr>
<tr><td>高档护肤类化妆品</td></tr>
<tr><td>成套化妆品</td></tr>
<tr><td rowspan="2">贵重首饰及珠宝玉石</td><td>金银首饰、铂金首饰、钻石及钻石饰品</td><td rowspan="2">宝石坯是经采掘、打磨、初级加工的珠宝玉石半成品，对宝石坯应按规定征收消费税</td></tr>
<tr><td>其他贵重首饰和珠宝玉石（如珍珠、碧玺、琥珀、珊瑚等）</td></tr>
<tr><td>鞭炮、焰火</td><td>包括但不限于炮竹类、组合烟花类、礼花弹类</td><td>体育上用的发令纸、鞭炮药引线，不征收消费税</td></tr>
</table>

续表

税目	细目	注意事项
成品油	包括汽油、柴油、石脑油、溶剂油、航空煤油、润滑油、燃料油	不包括原油（原油是资源税的应税产品但不属于应税消费品）
摩托车	① 气缸容量为250毫升的摩托车 ② 气缸容量250毫升（不含）以上的摩托车	对最大设计车速不超过50公里/时，发动机气缸总工作容量不超过50毫升的三轮摩托车不征收消费税
小汽车	乘用车	① 不包括货车、大型商用客车 ② 电动汽车不征收消费税 ③ 沙滩车、雪地车、卡丁车、高尔夫车不征收消费税 ④ 对于购进乘用车和中轻型商用客车整车改装生产的汽车，征收消费税
	中轻型商用客车	
	超豪华小汽车：每辆零售价格90万元（不含增值税）及以上的各种动力类型（含纯电动、燃料电池等动力类型）的乘用车和中轻型商用客车	
高尔夫球及球具	包括高尔夫球、高尔夫球杆及高尔夫球包（袋）、高尔夫球杆的杆头、杆身和握把	仅限于列举的项目，不包括高尔夫球帽、高尔夫车等
高档手表	销售价格（不含增值税）每只在10 000元（含）以上的各类手表	—
游艇	内置发动机，可以在水上移动，一般为私人或团体购置，主要用于水上运动和休闲娱乐等非牟利活动的各类机动艇	无动力艇、帆艇不征消费税
木制一次性筷子	包括未经打磨、倒角的木制一次性筷子	① 竹制一次性筷子不征消费税 ② 木制筷子（非一次性）不征收消费税
实木地板	① 按生产工艺不同，分为独板（块）实木地板、实木指接地板和实木复合地板 ② 按表面处理状态不同，分为未涂饰地板（白坯板、素板）和漆饰地板	—
电池	包括原电池、蓄电池、燃料电池、太阳能电池和其他电池	—
涂料	—	—

6.8.1.2 消费税的征税环节

（1）基本征税环节与特殊征税环节

消费税的征税环节包括基本征税环节与特殊征税环节，如表6-7所示。

表6-7 消费税基本征税环节与特殊征税环节

征税环节		适用范围
基本环节	生产销售环节	除按照规定在零售环节纳税的金银首饰、钻石及钻石饰品、铂金首饰以外的其他应税消费品
	进口环节	
	委托加工环节	

续表

征税环节		适用范围
特殊环节	零售环节	① 金银首饰、钻石及钻石饰品、铂金首饰在零售环节征收消费税 ② 超豪华小汽车在零售环节加征一道消费税
	批发环节	卷烟在批发环节加征一道消费税

（2）单环节征收与多环节征收

消费税的征收包括单环节征收和多环节征收。

① 大部分应税消费品在生产销售、进口或者委托加工环节“单环节”征收消费税。

② 金银首饰、钻石及钻石饰品、铂金首饰在零售环节“单环节”征收消费税。

③ 超豪华小汽车在基本征税环节及零售环节“双环节”征收消费税。

④ 卷烟在基本征税环节及批发环节“双环节”征收消费税。

（3）生产应税消费品

生产应税消费品的情形和消费税处理如表 6-8 所示。

表 6-8　生产应税消费品的情形和消费税处理

情形		消费税处理
生产销售	纳税人生产的应税消费品（金银首饰、钻石及钻石饰品、铂金首饰除外）	于纳税人销售时缴纳消费税
自产自用	用于连续生产应税消费品	移送时不缴纳消费税
	用于其他方面： ① 用于连续生产非应税消费品 ② 用于在建工程、管理部门、非生产机构、提供劳务、馈赠、赞助、集资、广告、样品、职工福利、奖励等方面	移送时缴纳消费税（视同生产销售应税消费品）

（4）委托加工应税消费品

① 委托加工应税消费品的情形。委托加工的应税消费品，是指由委托方提供原料和主要材料，受托方只收取加工费和代垫部分辅助材料加工的应税消费品。

下列情形，不论在财务上是否作为销售处理，都不得作为委托加工应税消费品，而应当按照销售自制应税消费品缴纳消费税：

a. 由受托方提供原材料生产的应税消费品。

b. 受托方先将原材料卖给委托方，然后再接受加工的应税消费品。

c. 由受托方以委托方名义购进原材料生产的应税消费品。

② 消费税代收代缴。委托加工的应税消费品，除受托方为个人外，由受托方在向委托方交货时代收代缴消费税；委托个人加工的应税消费品，由委托方收回后缴纳消费税。

③ 委托加工收回的应税消费品对外出售。

a. 委托方将收回的应税消费品，以不高于受托方的计税价格出售的，为直接出售，不再缴纳消费税。

b. 委托方以高于受托方计税价格出售的，不属于直接出售（“加价出售”），须按规定申报缴纳消费税，在计税时准予扣除受托方已代收代缴的消费税。

（5）进口应税消费品

单位和个人进口应税消费品，于报关进口时缴纳消费税，由海关代征。

（6）零售应税消费品

①“金银铂钻”。在零售环节征收消费税的金银首饰包括：

a. 金基、银基合金首饰以及金、银和金基、银基合金的镶嵌首饰。

b. 钻石及钻石饰品。

c. 铂金首饰。

② 超豪华小汽车。对超豪华小汽车，在生产（进口）环节按现行税率征收消费税基础上，在零售环节加征消费税，税率为 10%。

注：将超豪华小汽车销售给消费者的单位和个人为超豪华小汽车零售环节纳税人。

（7）批发应税消费品

① 卷烟在批发环节（批发商向零售商的销售）加征一道消费税。

② 烟草批发企业将卷烟销售给其他烟草批发企业的，不缴纳消费税。

③ 卷烟消费税改为在生产和批发两个环节征收后，批发企业在计算应纳税额时不得扣除已含的生产环节的消费税税款。

④ 纳税人兼营卷烟批发和零售业务的，应当分别核算批发和零售环节的销售额、销售数量；未分别核算的，按照全部销售额、销售数量计征批发环节消费税。

6.8.2 消费税如何核算

6.8.2.1 消费税的税率

消费税的税率形式、适用税目和计税公式如表 6-9 所示。

表 6-9　消费税税率形式、适用税目和计税公式

税率形式	适用税目	计税公式
从量定额	啤酒、黄酒、成品油	应纳税额＝销售数量 × 定额税率
复合计税	卷烟、白酒	应纳税额＝销售数量 × 定额税率＋销售额或组成计税价格 × 比例税率
从价定率	其他应税消费品	应纳税额＝销售额或组成计税价格 × 比例税率

纳税人兼营不同税率的应税消费品，应当分别核算不同税率应税消费品的销售额、销售数量；未分别核算销售额、销售数量的，或者将不同税率的应税消费品组成成套消费品销售的，从高适用税率。

6.8.2.2　生产销售环节应纳消费税的计算

（1）销售额确定的基本规则

采用从价定率和复合计税方式计算消费税税额时均会涉及销售额，销售额为纳税人销售应税消费品向购买方收取的全部价款和价外费用，不包括应向购买方收取的增值税税款。即：

① 消费税计税销售额应当是不含增值税但含消费税的销售额。

② 对同一纳税人同一环节既征收消费税又征收增值税的，消费税与增值税的计税销售额一般情况下是相同的。

（2）销售数量确定的基本规则

① 销售应税消费品的，为应税消费品的销售数量。

② 自产自用应税消费品的，为应税消费品的移送使用数量。

③ 委托加工应税消费品的，为纳税人收回的应税消费品数量。

④ 进口应税消费品的，为海关核定的应税消费品进口征税数量。

6.8.2.3　特殊销售情形

① 纳税人通过自设非独立核算门市部销售的自产应税消费品，应当按照门市部对外销售额或者销售数量征收消费税。

② 纳税人用于换取生产资料和消费资料，投资入股和抵偿债务等方面的应税消费品，应当以纳税人同类应税消费品的最高销售价格作为计税依据计算消费税。

③ 白酒生产企业向商业销售单位收取的“品牌使用费”，不论企业采取何种方式或以何种名义收取价款，均应并入白酒的销售额中缴纳消费税。

④ 包装物押金。

a. 对于非酒类产品，如果包装物不作价随同产品销售，而是收取押金，此项押金则不应并入应税消费品的销售额中征税，但对因逾期未收回包装物不再退还的或者已收取的时间超过 12 个月的押金，应并入应税消费品的销售额，缴纳消费税。

b. 对酒类生产企业销售酒类产品（啤酒、黄酒除外）而收取的包装物押金，无论押金是否返还及会计上如何核算，均应在收取时并入酒类产品销售额，征收消费税。

⑤ 金银首饰的特殊规定。

a. 纳税人采用以旧换新（含翻新改制）方式销售的金银首饰，应按实际收取的不含增值税的全部价款确定计税依据征收消费税。

b. 金银首饰与其他产品组成成套消费品销售的，应按销售额全额征收消费税。

c. 金银首饰连同包装物销售的，无论包装物是否单独计价，也无论会计上如何核算，均应并入金银首饰的销售额计征消费税。

6.8.2.4 自产自用环节应纳消费税的计算

（1）先“找价”后“组价”

① 纳税人自产自用的应税消费品，用于连续生产应税消费品的，不缴纳消费税。

② 凡用于其他方面的，于移送使用时，按照纳税人生产的同类消费品的平均销售价格计算缴纳消费税。

③ 没有同类消费品销售价格的，按照组成计税价格计算缴纳消费税。

（2）实行从价定率办法计征的

其计算公式为：

组成计税价格＝成本 ×（1 ＋成本利润率）÷（1- 消费税比例税率）

应纳消费税＝组成计税价格 × 消费税比例税率

（3）实行复合计税办法计算纳税的

其计算公式为：

组成计税价格＝ [成本 ×（1 ＋成本利润率）＋自产自用数量 × 消费税定额税率]÷（1- 消费税比例税率）

应纳消费税＝组成计税价格 × 消费税比例税率＋自产自用数量 × 消费税定额税率

（4）实行从量定额计税的

其不涉及销售价格，不存在使用组成计税价格计算消费税的问题。

6.8.2.5 委托加工环节应纳消费税的计算

（1）先“找价”后“组价”

委托加工的应税消费品，按照受托方的同类消费品的销售价格计算纳税，没有同类消费品销售价格的，按照组成计税价格计算纳税。

（2）实行从价定率办法计算纳税的

组成计税价格＝（材料成本＋加工费）÷（1－消费税比例税率）

应纳消费税（应代收代缴的消费税）＝组成计税价格 × 消费税比例税率

（3）实行复合计税办法计算纳税的

组成计税价格＝（材料成本＋加工费＋委托加工数量 × 消费税定额税率）÷（1－消费税比例税率）

应纳消费税（应代收代缴的消费税）＝组成计税价格 × 消费税比例税率＋委托加工数量 × 消费税定额税率

（4）实行从量定额计税的

其不涉及销售价格，不存在使用组成计税价格计算消费税的问题。

6.8.2.6 进口环节应纳消费税的计算

（1）实行从价定率办法计征消费税的

组成计税价格＝（关税完税价格＋关税）÷（1－消费税比例税率）

应纳消费税＝组成计税价格 × 消费税比例税率

（2）实行复合计税办法计征消费税的

组成计税价格＝（关税完税价格＋关税＋进口数量 × 消费税定额税率）÷（1－消费税比例税率）

应纳消费税＝组成计税价格 × 消费税比例税率＋进口数量 × 消费税定额税率

（3）实行从量定额计税的

其不涉及销售价格，不存在使用组成计税价格计算消费税的问题。

6.8.2.7 已纳消费税的扣除

为避免重复征税，外购应税消费品和委托加工收回的应税消费品继续生产应税消费品销售的，可以按照规定将外购应税消费品和委托加工收回应税消费品已缴纳的消费税给予抵扣。

（1）准予抵扣的情形

① 外购或委托加工收回的已税烟丝为原料生产的卷烟。

② 外购或委托加工收回的已税高档化妆品为原料生产的高档化妆品。

③ 外购或委托加工收回的已税珠宝玉石为原料生产的贵重首饰及珠宝玉石，但纳税人用外购或委托加工收回的已税珠宝、玉石原料生产的改在零售环节征收消费税的金银首饰（镶嵌首饰），在计税时一律不得扣除外购或委托加工收回的珠宝、玉石的已纳税款。

④ 外购或委托加工收回的已税鞭炮、焰火为原料生产的鞭炮、焰火。

⑤ 外购或委托加工收回的已税杆头、杆身和握把为原料生产的高尔夫球杆。

⑥ 外购或委托加工收回的已税木制一次性筷子为原料生产的木制一次性筷子。

⑦ 外购或委托加工收回的已税实木地板为原料生产的实木地板。

⑧ 外购或委托加工收回的已税石脑油、润滑油、燃料油为原料生产的成品油。

⑨ 外购或委托加工收回的已税汽油、柴油为原料生产的汽油、柴油。

（2）当期准予扣除税款的计算

当期准予扣除外购或委托加工收回的应税消费品的已纳消费税税款，应按当期生产领用数量计算。

6.8.2.8 消费税的账务处理

消费税业务，须分别设置“应交税费”“税金及附加”等会计科目进行账务处理。

① 需要缴纳消费税的委托加工物资，由受托方代收代交的消费税，收回后继续加工的：

借：应交税费——应交消费税

　　贷：应付账款 / 银行存款等

② 企业按规定计算应交的消费税：

借：税金及附加——消费税

贷：应交税费——应交消费税

③ 缴纳消费税：

借：应交税费——应交消费税

贷：银行存款

④ 企业收到的返还的消费税：

借：税金及附加——消费税

贷：应交税费——应交消费税

6.8.3 消费税的征收管理及税收优惠

6.8.3.1 消费税征收管理

（1）消费税纳税义务发生时间

① 纳税人销售的应税消费品，纳税义务发生时间按不同的销售结算方式分别确定：

a. 纳税人采取赊销和分期收款结算方式的，为书面合同约定的收款日期的当天；书面合同没有约定收款日期或者无书面合同的，为发出应税消费品的当天。

b. 纳税人采取预收货款结算方式的，为发出应税消费品的当天。

c. 纳税人采取托收承付、委托银行收款结算方式的，为发出应税消费品并办妥托收手续的当天。

d. 纳税人采取其他结算方式的，为收讫销售款或者取得索取销售款凭据的当天。

② 纳税人自产自用应税消费品的，为移送使用的当天。

③ 纳税人委托加工应税消费品的，为纳税人提货的当天。

④ 纳税人进口应税消费品的，为报关进口的当天。

（2）消费税纳税地点

① 纳税人销售的应税消费品，以及自产自用的应税消费品，除国务院财政、税务主管部门另有规定外，应当向纳税人机构所在地或者居住地的税务机关申报纳税。

② 委托加工的应税消费品，除受托方为个人外，由受托方向机构所在地或者居住地的税务机关解缴消费税税款；受托方为个人的，由委托方向其机构所在地的税务机关申报纳税。

③ 进口的应税消费品，由进口人或者其代理人向报关地海关申报纳税。

④ 纳税人到外县（市）销售或者委托外县（市）代销自产应税消费品的，于应税消费品销售后，向机构所在地或者居住地税务机关申报纳税。

⑤ 总机构与分支机构不在同一县（市）：

a. 纳税人的总机构与分支机构不在同一县（市）的，原则上应当分别向各自机构所在地的税务机关申报纳税。

b. 纳税人的总机构与分支机构不在同一县（市），但在同一省（自治区、直辖市）范围内，经省（自治区、直辖市）财政厅（局）、税务局审批同意，可以由总机构汇总向总机构所在地的税务机关申报缴纳消费税。

6.8.3.2　消费税税收优惠

（1）节能环保电池免税

对无汞原电池、金属氢化物镍蓄电池（又称“氢镍蓄电池”或“镍氢蓄电池”）、锂原电池、锂离子蓄电池、太阳能电池、燃料电池和全钒液流电池免征消费税。

免税政策适用于生产、委托加工或进口环节的“新电池”。二手或未经实质性加工的电池不适用。

（2）节能环保涂料免税

对施工状态下挥发性有机物（Volatile Organic Compounds,VOC）含量低于420克/升（含）的涂料免征消费税。

（3）废动植物油生产纯生物柴油免税

经国务院批准，对利用废弃的动物油和植物油为原料生产的纯生物柴油免征消费税。

① 从2009年1月1日起，对同时符合下列条件的纯生物柴油免征消费税：

a. 生产原料中废弃的动物油和植物油用量所占比重不低于70%。

b. 生产的纯生物柴油符合国家《柴油机燃料调合用生物柴油（BD100）》标准。

② 对不符合国家《柴油机燃料调合用生物柴油（BD100）》标准规定的生物柴油，或者以柴油、柴油组分调合生产的生物柴油照章征收消费税。

“废弃的动物油和植物油”的范围明确如下：

a. 餐饮、食品加工单位及家庭产生的不允许食用的动植物油脂。主要包括泔水油、煎炸废弃油、地沟油和抽油烟机凝析油等。

b. 利用动物屠宰分割和皮革加工修削的废弃物处理提炼的油脂，以及肉类加工过程中产生的非食用油脂。

c. 食用油脂精炼加工过程中产生的脂肪酸、甘油酯及含少量杂质的混合物。主要包括酸化油、脂肪酸、棕榈酸化油、棕榈油脂肪酸、白土油及脱臭馏出物等。

d. 油料加工或油脂储存过程中产生的不符合食用标准的油脂。

（4）用废矿物油生产的工业油料免税

《财政部　税务总局关于继续对废矿物油再生油品免征消费税的公告》（财政部　税务总局公告 2023 年第 69 号）规定：纳税人利用废矿物油生产的润滑油基础油、汽油、柴油等工业油料免征消费税，公告执行至 2027 年 12 月 31 日。

① 废矿物油，是指工业生产领域机械设备及汽车、船舶等交通运输设备使用后失去或降低功效更换下来的废润滑油。

② 纳税人利用废矿物油生产的润滑油基础油、汽油、柴油等工业油料免征消费税，应同时符合下列条件：

a. 纳税人必须取得生态环境部门颁发的《危险废物（综合）经营许可证》，且该证件上核准生产经营范围应包括“利用”或“综合经营”字样。生产经营范围为“综合经营”的纳税人，还应同时提供颁发《危险废物（综合）经营许可证》的生态环境部门出具的能证明其生产经营范围包括“利用”的材料。

纳税人在申请办理免征消费税备案时，应同时提交污染物排放地生态环境部门确定的该纳税人应予执行的污染物排放标准，以及污染物排放地生态环境部门在此前 6 个月以内出具的该纳税人的污染物排放符合上述标准的证明材料。

纳税人回收的废矿物油应具备能显示其名称、特性、数量、接受日期等项目的《危险废物转移联单》。

b. 生产原料中废矿物油重量必须占到 90% 以上。产成品中必须包括润滑油基础油，且每吨废矿物油生产的润滑油基础油应不少于 0.65 吨。

c. 利用废矿物油生产的产品与利用其他原料生产的产品应分别核算。

③ 符合第②条规定的纳税人销售免税油品时，应在增值税专用发票上注明产品名称，并在产品名称后加注“（废矿物油）”。

④ 符合第②条规定的纳税人利用废矿物油生产的润滑油基础油连续加工生产润滑油，或纳税人（包括符合第②条规定的纳税人及其他纳税人）外购利用废矿物油生产的润滑油基础油加工生产润滑油，在申报润滑油消费税额时按当期销售的润滑油数量扣减其耗用的符合本公告规定的润滑油基础油数量的余额计算缴

纳消费税。

⑤ 对未达到相应的污染物排放标准或被取消《危险废物（综合）经营许可证》的纳税人，自发生违规排放行为之日或《危险废物（综合）经营许可证》被取消之日起，取消其享受本公告规定的免征消费税政策的资格，且三年内不得再次申请。纳税人自发生违规排放行为之日起已申请并办理免税的，应予追缴。

⑥ 各级税务机关应采取严密措施，对享受本公告规定的免征消费税政策的纳税人加强动态监管。凡经核实纳税人弄虚作假骗取享受本公告规定的免征消费税政策的，税务机关追缴其此前骗取的免税税款，并自纳税人发生上述违法违规行为年度起，取消其享受本公告规定的免征消费税政策的资格，且纳税人三年内不得再次申请。

发生违规排放行为之日，是指已由污染物排放地生态环境部门查证确认的、纳税人发生未达到应予执行的污染物排放标准行为的当日。

（5）成品油生产企业生产自用油免征消费税

从 2009 年 1 月 1 日起，对成品油生产企业在生产成品油过程中，作为燃料、动力及原料消耗掉的自产成品油，免征消费税。对用于其他用途或直接对外销售的成品油照章征收消费税。

（6）油（气）田企业生产自用成品油先征后返消费税

经国务院批准，对油（气）田企业生产自用成品油先征后返消费税问题具体处理如下：

① 自 2009 年 1 月 1 日起，对油（气）田企业在开采原油过程中耗用的内购成品油，暂按实际缴纳成品油消费税的税额，全额返还所含消费税。

② 享受税收返还政策的成品油必须同时符合以下三个条件：

a. 由油（气）田企业所隶属的集团公司（总厂）内部的成品油生产企业生产。

b. 从集团公司（总厂）内部购买。

c. 油（气）田企业在地质勘探、钻井作业和开采作业过程中，作为燃料、动力（不含运输）耗用。

③ 油（气）田企业所隶属的集团公司（总厂）向财政部驻当地财政监察专员办事处统一申请税收返还。具体退税办法由财政部另行制定。

（7）横琴、平潭区内企业销售货物免征消费税

横琴、平潭各自的区内企业之间销售其在本区内的货物，免征消费税，但上

述企业之间销售的用于其本区内商业性房地产开发项目的货物，以及被取消退税或免税资格的企业销售的货物，应按规定征收消费税。

（8）用已税汽油生产的乙醇汽油免税

对用外购或委托加工收回的已税汽油生产的乙醇汽油免税。用自产汽油生产的乙醇汽油，按照生产乙醇汽油所耗用的汽油数量申报纳税。

（9）航空煤油暂缓征收消费税

从2006年4月1日起，航空煤油暂缓征收消费税。

（10）自产石脑油、燃料油生产乙烯、芳烃产品免税

① 为促进我国烯烃类化工行业的发展，经国务院批准，对用于生产乙烯、芳烃类化工产品的石脑油、燃料油消费税退（免）税政策延续：

a. 自2011年10月1日起，对生产石脑油、燃料油的企业（以下简称生产企业）对外销售的用于生产乙烯、芳烃类化工产品的石脑油、燃料油，恢复征收消费税。

b. 自2011年10月1日起，生产企业自产石脑油、燃料油用于生产乙烯、芳烃类化工产品的，按实际耗用数量暂免征消费税。

c. 自2011年10月1日起，对使用石脑油、燃料油生产乙烯、芳烃的企业（以下简称使用企业）购进并用于生产乙烯、芳烃类化工产品的石脑油、燃料油，按实际耗用数量暂退还所含消费税。

退还石脑油、燃料油所含消费税计算公式为：

应退还消费税税额 = 石脑油、燃料油实际耗用数量 × 石脑油、燃料油消费税单位税额

使用企业所在地主管国家税务局（以下简称主管税务机关）负责退税工作。主管税务机关根据使用企业石脑油、燃料油实际耗用量核定应退税金额，并开具“收入退还书”（预算科目为：101020121 成品油消费税退税），后附退税审批表、退税申请书等，送交当地国库部门。国库部门审核后从中央预算收入中退付税款。

d. 用石脑油、燃料油生产乙烯、芳烃类化工产品的产量占本企业用石脑油、燃料油生产产品总量的50%以上（含50%）的企业，享受本优惠政策规定的退（免）消费税政策。符合本条规定条件的企业，应在优惠政策通知下发后到主管税务机关提请退（免）税资格认定。

e. 乙烯类化工产品是指乙烯、丙烯、丁二烯及衍生品；芳烃类化工产品是指

苯、甲苯、二甲苯、重芳烃、混合芳烃及衍生品。

f. 使用企业生产乙烯、芳烃类化工产品过程中所生产的消费税应税产品，照章缴纳消费税。

g. 用于生产乙烯、芳烃类化工产品的石脑油、燃料油消费税具体退（免）税管理办法，由国家税务总局另行制定。

h. 财政部驻各地财政监察专员办事处要加强对消费税退（免）税政策执行情况的监督检查。各级国家税务局要加强对消费税退（免）税的组织、监督，严格管理，堵塞漏洞。对于发现并经查实的骗取退（免）税的行为，依法处罚，并取消退（免）消费税的资格。

② 为规范石脑油、燃料油消费税退税政策，将《财政部 中国人民银行 国家税务总局关于延续执行部分石脑油燃料油消费税政策的通知》(财税〔2011〕87 号）中的成品油消费税退税政策调整如下：

a. 我国境内使用石脑油、燃料油（以下简称油品）生产乙烯、芳烃类化工产品（以下简称化工产品）的企业（以下简称使用企业），仅以自营或委托方式进口油品生产化工产品，向进口消费税纳税地海关（以下简称海关）申请退还已缴纳的消费税（以下简称退税）。

办理退税时，海关根据使用企业生产化工产品实际耗用的油品数量核定应退税金额，开具收入退还书，使用“进口成品油消费税退税”科目（101020221）退税。

b. 使用企业仅以国产油品生产化工产品，向主管税务机关（以下简称税务机关）申请退税。

办理退税时，税务机关根据使用企业生产化工产品实际耗用的油品数量核定应退税金额，开具收入退还书，使用“成品油消费税退税”科目（101020121）退税。

c. 使用企业既购进国产油品又购进进口油品生产化工产品的，应分别核算国产与进口油品的购进量及其用于生产化工产品的实际耗用量，向税务机关提出退税申请。

税务机关负责对企业退税资料进行审核。对进口油品退税，税务机关出具初审意见，连同进口货物报关单、海关专用缴款书和自动进口许可证等材料，送交海关复审。

使用企业未分别核算国产与进口油品的购进量和实际耗用量的，不予办理退税。

d. 税务机关和海关应向相关国库部门提供收入退还书，后附退税审批表、退税申请书等相关资料；国库部门经审核无误后，从相应预算科目中退付税款给申请企业。

e. 税务机关和海关应加强合作，及时交换与退税相关的信息。

除此以外，还有关税、环境保护税、耕地占用税、烟叶税等其他税种，由于篇幅关系，本书不再描述。

6.9 会计现场

实际工作中我们应该如何操作呢？一起走进“会计现场”来巩固一下以上所学的知识吧。

6.9.1 印花税的申报业务

情景：佳佳填写印花税申报表。

人物：佳佳（会计）、启丽（行政文员）。

启丽：“佳佳，还有一星期就年会了，一起去排练呀。”

佳佳：“我忙呀……”

启丽：“你们会计不就月初忙吗？现在都月底了还忙啥？”

佳佳：“现在是年初好吗？月初忙上月的，年初忙上年的，比月初更忙，我快焦头烂额了。”

启丽：“做会计就是累，我先去了。忙完记得来哦。”

佳佳低头继续印花税的申报。

一整年的购销合同印花税还没申报呢。佳佳每签一个合同都做一个记录（如表 6-10 所示），方便统计和申报。

表 6-10　合同记录

合同编号	签订时间	签订内容	签订金额
22100901	2022.10.09	销售商品	1 328 192.48
22110101	2022.11.01	采购原料	3 411 352.30
22111501	2022.11.15	销售商品	3 631 500.00
22121701	2022.12.17	采购固资	76 500.00
22122001	2022.12.20	采购固资	66 000.00
合计金额			8 513 544.78

印花税的申报是填写《财产和行为税纳税申报表》的，先是数据源采集，然后才是报表的申报。填写完成的《财产和行为税纳税申报表》如表 6-11 所示。

表 6-11　财产和行为税纳税申报表

纳税人识别号（统一社会信用代码）：91450521AAAAAAAAAA

纳税人名称：广西 ×× 建筑有限公司　　　　金额单位：人民币元（列至角分）

序号	税种	税目	税款所属期起	税款所属期止	计税依据	税率	应纳税额	减免税额	已缴税额	应补（退）税额
1	印花税	购销合同	2022.10.1	2022.12.31	8 513 544.78	3‰	2 554.06			2 554.06
2										
3										
4										
5										
6										
7										
8										
9										
10	合计	—	—	—	—	—				2 554.06

声明：此表是根据国家税收法律法规及相关规定填写的，本人（单位）对填报内容（及附带资料）的真实性、可靠性、完整性负责。

纳税人（签章）：　　年　　月　　日

经办人： 经办人身份证号： 代理机构签章： 代理机构统一社会信用代码：	受理人： 受理税务机关（章）： 受理日期：　　年　　月　　日

在鱼姐会计群的帮助下，佳佳顺利完成了印花税申报工作，划款成功。

按“次”缴纳的印花税，会计分录为：

借：应交税费——应交印花税　　2 554.06

　　贷：银行存款　　2 554.06

6.9.2　房产税的申报业务

情景：小曾学习房产税的筹划。

人物：税务局管理所老师、小曾（会计）。

税务局管理所老师：“曾会计，你们公司的 2022 年房产税还没申报？”

小曾：“这两天停电，报不了，我会抓紧时间报的。”

税务局管理所老师：“别担心，还没到截止时间。我就是想问下，你们全年房产税预计有多少？”

小曾：“从租计征的话每月都按时报的，全年 120 万的 12% 是 14 万 4，然后就是从价计征，8400 万的 70% 的 1.2% 是 70 万 5 千 6。”小曾边敲计算器边说。

税务局管理所老师：“从租的房产税全交完了？那从价的你抓紧时间报。”

放下电话，小曾抓紧时间，重新复核一下房产税金额，想尽快完成申报工作。

小曾想起来公司有一处闲置库房被一家物流公司占用。公司与物流公司签订了一份仓储合同。该库房房产原价为 1600 万元，与物流公司仓储合同为每年 300 万元。她瞬间大脑有些空白，这处被占用且签订仓储合同的库房该如何计算房产税呢？

于是小曾把问题抛到了鱼姐的会计群。根据网友的交流总结如下：

（1）房产税的征收有两种方式

① 自用房产由产权所有人依照房产余值按 1.2% 的税率计算缴纳；

② 出租房产的依照租金收入按 12% 的税率计算缴纳。

（2）租赁与仓储的区别

① 租赁是指在约定时间内，出租人将场地、房屋、物品、设备或设施等转让他人使用以获取租金的一种业务。库房出租是让渡库房的使用权获取租金，库房由他人使用。

公司目前是以年租金 300 万元的价格出租，房产税的税率 12%。应纳房产税为：

房产税 =300×12%=36（万元）

② 仓储是指在约定时间内，房产所有人利用仓库、货场或其他场所代客户储放，保管货物并收取仓储费的业务。

如果换作是仓储，即仓库、货场由产权所有人使用，属于自用房产，由产权所有人照房产余值计算缴纳房产税，房产税税率为 1.2%。应交房产税为：

房产税 =1600×（1−30%）×1.2%=13.44（万元）

如果公司根据实际情况签订仓储合同，房产税按照房产余值按 1.2% 的税率计算，要比房屋租赁合同依照租金收入按 12% 计算房产税低很多。

当然这样都是要从实际情况着眼，不能违背经济业务实质。

参考文献

[1] 全国税务师职业资格考试教材编写组 . 涉税服务实务 . 北京：中国税务出版社，2022.

[2] 全国税务师职业资格考试教材编写组 . 涉税服务相关法律 . 北京：中国税务出版社，2022.

[3] 吴旭东 . 税收管理 .7 版 . 北京：中国人民大学出版社，2022.

[4] 全国税务师职业资格考试教材编写组 . 税法Ⅰ . 北京：中国税务出版社，2022.